乳幼児教育は、その後の人生に大きな影響を与えます。幼保連携型認定こども園、保育所、幼稚園などの集団における教育環境は、小さな子どもが初めて社会の一員として生活する、重要な機会となります。一人ひとりの発達の違いに配慮された集団のなかでの学びは、家庭とは違った成長を促します。このような環境での学びを保護者とともに喜び、情報を共有していくためのひとつの発信方法として有効とされるのが保育のドキュメンテーションです。

今回の改訂版は、平成30年に改定された幼保連携型認定こども園教育・保育要領や保育所保育指針、幼稚園教育要領を基に見直したものです。旧版も、養護と教育の5領域を基本として行われる乳幼児教育の理念に沿って書かれており、今回の改訂版でも、ドキュメンテーションの保育内容自体は変わっていません。けれど平成30年度の改定で、ねらい・内容が対象年齢によって、乳児期（0歳）の3つの視点、満1歳から満3歳未満（保育所では1歳以上3歳未満）の5領域、満3歳以上（保育所では3歳以上）の5領域、の3つに分かれたことや、幼児期の終わりまでに育ってほしい10の姿や育みたい資質・能力などが新しく示されたことを受けて、加筆されています。

この本では、4歳児の「発達のようす」を知り、発達に基づいた「指導計画」を作成し、「あそびのプロジェクト」を設定、より具体的な「保育のねらい」と「保育ドキュメント」を提示し、「保育ドキュメンテーション」を作成する形をとっています。そして、子どもがどのようにかかわり、何を学び取ったのかをわかりやすくまとめた全国の認定こども園や保育園の開示例を挙げています。今後の保育の有効なツールとして、現場の皆様に大いに活用していただければ幸いです。

4歳児は、全身のバランスをとる能力が発達し、からだの動きが巧みになってくる年齢です。友だちと走りまわるおにごっこなどに興味を持ってかかわるようになり、ルールを理解し、ひとくふうしたあそびのおもしろさを体得していきます。また精神的発達の面でも少しずつ複雑さを増し、自分の行動やその結果を予測して不安になるなど、心の葛藤を多く経験する時期でもあります。感情が豊かになり、身近な人の気持ちを察し、少しずつ自分の気持ちを抑えることにより、適度なストレスを乗り越える力などもついてきます。4歳児は、自己主張と他者の受容を学ぶ複雑でだいじな時期といえるでしょう。

2021年2月
保育総合研究会会長　椛沢幸苗

もくじ

❶章 保育計画

❷章 4歳児の幼児教育

❸章 ドキュメンテーションとカリキュラムマネジメント

改訂版保育サポートブック　4歳児クラスの教育CD-ROM

🖸 マークのあるページは、Excel用のフォーマットデータをCD-ROMに収録しています。CD-ROMの詳細については、P3をご覧ください。
本書に収録されている内容は、あくまでも1つの案です。
書式や内容などは、各園の子どもの発達の様子に合わせて変更してご活用ください。

CD-ROMの
使い方

本CD-ROMは、保育計画や保育ドキュメンテーションを作る上で役に立つフォーマットや文書などを収録したデータ資料集です。パソコンソフトのExcel・Power Pointで作ることを想定して作られていますので、下記のポイントをご覧いただいた上でご使用ください。また、保育指針などの文書類はPDF形式で収録してありますので、プリントアウトしてご活用ください。

■ご使用になりたいフォーマットを開き、ご自身のパソコンに保存してからご利用ください。
■フォーマットは一部を除いて文字が入っていますが、あくまでも一つの文例です。ご使用に際しては、内容を十分ご検討の上、園の方針に沿った文章を入力してください。園から発信される文章の内容については、各園の責任となることをご了承ください。

01_フォーマット4歳児
内容をご検討の上、園の方針に沿った文章を入力してご使用ください。
各フォーマットは、園の保育内容に合わせて変更してご利用ください。

_4歳児月間指導計画（案）フォーマット.xlsx

_4歳児年間指導計画（案）フォーマット.xlsx

保育ドキュメンテーション関連

_4歳児保育ドキュメンテーションフォーマット.pptx

_4歳児保育ドキュメントフォーマット（手書き用）.pdf

_4歳児保育ドキュメントフォーマット.xlsx

_4歳児保育のねらいフォーマット（手書き用）.pdf

_4歳児保育のねらいフォーマット.xlsx

_4歳児保育プロジェクトフォーマット.pptx

02_参考資料

46細目

幼児教育部会における審議の取りまとめ（報告）
平成28年8月26日.pdf

学校感染症の種類および出席停止期間.pdf

保育ドキュメンテーション_幼保連携型認定こども園
教育・保育要領での視点.pdf

03_関連法・各種ガイドラインなど
厚生労働省・文部科学省・内閣府より公表されている資料です。
プリントアウトしてご活用ください。
最新の情報は各省のホームページ をご確認ください。

各種ガイドライン

教育・保育施設等における事故防止及び事故発生時
の対応のためのガイドライン.pdf

保育所におけるアレルギー対応ガイドライン.pdf

保育所における感染症対策ガイドライン.pdf

保育所における自己評価ガイドライン.pdf

保育所における食育に関する指針（概要）.pdf

保育所における食事の提供ガイドライン.pdf

保育所や幼稚園等と小学校における連携事例集.pdf

幼稚園における学校評価ガイドライン.pdf

学校保健安全法.docx

食育基本法.pdf

保育所保育指針.pdf

幼稚園教育要領.pdf

幼保連携型認定こども園教育・保育要領.pdf

2021年1月現在の資料です。

CD-ROMの動作環境について
CD-ROMをご利用いただくためには、以下のものが必要となりますので、あらかじめご確認ください。

● **CD-ROMを読み込めるドライブが装備されたパソコン**
　◇動作確認済みOS／Windows 10
● **アプリケーションソフト**
　◇Microsoft Word・Excel・Power Point（2011以降を推奨）　　◇Adobe Acrobat Reader

本書の使い方

本書は、平成30年施行の新要領・指針の内容を最初に提示しつつ、「保育ドキュメンテーションとは何か」という根本的な問題を解説したのちに、保育計画の作成から保育プロジェクトの計画立案、記録のとり方、開示の方法という一連の流れに沿って実例を挙げながら提示しています。新要領・指針にのっとり、発達や指導計画、教育目標分類学の理解、異年齢保育、気になっている子への対応などを適宜修正しながら、今回新たに示された「幼児期の終わりまでに育ってほしい10の姿」も説明しています。日々の保育内容の教育的効果の説明と、さらなる保育内容の発展にお役立てください。また、各園独自の指導計画・保育ドキュメント・保育ドキュメンテーション作成の一助として、表組みフォーマットなどを収録したCD-ROMもご活用ください。

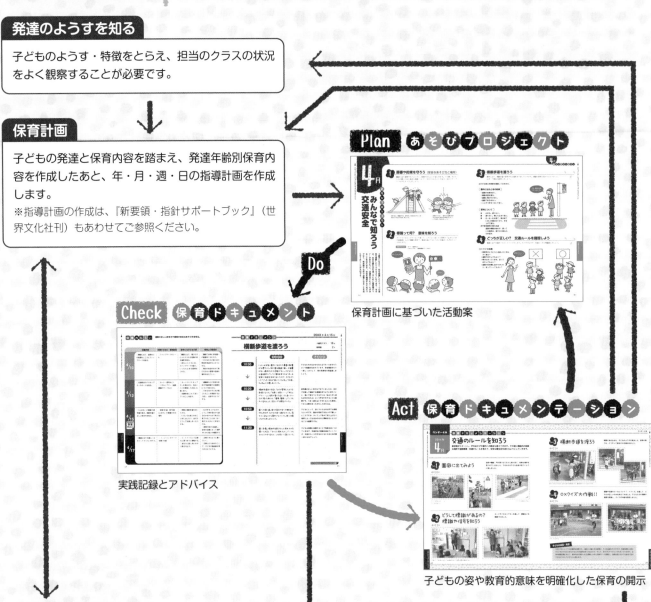

発達のようすを知る

子どものようす・特徴をとらえ、担当のクラスの状況をよく観察することが必要です。

保育計画

子どもの発達と保育内容を踏まえ、発達年齢別保育内容を作成したあと、年・月・週・日の指導計画を作成します。

※指導計画の作成は、『新要領・指針サポートブック』（世界文化社刊）もあわせてご参照ください。

Plan あそびプロジェクト

保育計画に基づいた活動案

Do

Check 保育ドキュメント

実践記録とアドバイス

Act 保育ドキュメンテーション

子どもの姿や教育的意味を明確化した保育の開示

ドキュメントと評価

子どものようすを時系列で書き綴る（ドキュメント）のは、意外と難しいものです。子どもの行動やその場面でのできごと、子どもの発することばなど、よくよく注意を払わないと記録に残すことはできません。しかしこの記録から見える保育のあり方や子どもの発達を詳察していくうえで、保育ドキュメントは実に有効な手段です。保育の設定が適切であったか、子どもの活動に対し保育者の対応は適切であったか、子どものことばに返した保育者のことばは適切なものであったかなど、保育ドキュメントからは、指導計画では表せない、より細かな子どものようすや現場の対応が見えてきます。自分の書いた保育ドキュメントに先輩や主任からアドバイスをもらうこともひとつの評価となり、保育の質の向上につながっていくことでしょう。

保育ドキュメンテーションのすすめ

要領・指針を基本に置き、教育課程及び全体的な計画から指導計画に続く「学び」を目に見える形にしたのが「保育ドキュメンテーション」です。ドキュメンテーションは子どもと保育者、そして保護者や地域を結び、保育を共有する手段のひとつです。例えば写真を入れた保育の記録作りは、可視化により保育者にとって自らの保育を再確認できるとともに、子どもの成長をより明確に認識できます。また保育者間の研修材料としても具体性に富み、より意味のあるものになります。さらに保護者向けに掲示することで、保育者が日々の保育にどのようなねらいと目的を持って子どもの成長を援助しているかが伝わり、同じ方を向いて子育てをすることができる「共育」の助けになります。あわせて地域への発信としても有効であり、乳幼児教育施設の役割をよりわかりやすく理解してもらう「協育」のツールにもなります。つまり、「共育・協育・教育」をしていくためにドキュメンテーションの取り組みはおすすめなのです。

➡ ドキュメンテーションを通して活発なコミュニケーションを

ドキュメンテーションからは、保育のねらいやその経過、保育や子どもに対しての気づき、子どもの学びが見えてきます。またその日の保育だけではなく教育的視点や次の保育につながるヒント、子どもの発達への思いや流れが表示されます。見やすい画面構成と視覚に訴える写真は、保護者の興味を引き、保育に対して具体的な会話を展開し楽しむことができます。これは保護者の保育理解につながるだけでなく、子どもと一緒に写真を見ることは、子どもや保育者にとって、保育の追体験とあわせて学びの再確認ができることにもなります。もちろん、園内研修の教材として最高のコミュニケーションツールにもなり得るでしょう。

効果的な保育ドキュメンテーションの使い方

子ども	園	地域	保護者
ドキュメンテーションを作成した時点の保育の目的に沿った発達が、記録された子どもの行動や言葉から明確に見えると同時に、個人記録の作成上、写真から導き出される保育者の記憶をたどるのにも大きな助けになります。またドキュメンテーションの作成を繰り返すことで、子どもの成長や発達の流れを保育者だけでなく子ども自身も見ることができるのも楽しいですね。	各クラスで作成したドキュメンテーションは、それぞれの保育を他のクラスにもわかりやすく見せることで、園の方針に沿った保育が行われているかが見えると同時に、園内研修や新任保育者の研修資料として大いに活用できるものになります。ドキュメンテーションが作成され続けることで、保育の歴史を語る園の素晴らしい資料にもなりますね。	各種行事や地域のイベントへの参加とは違い、日々の保育の中身はなかなか外からは見えにくいものです。しかしこのドキュメンテーションは保育のねらいや子どものかかわりと成長が、保育者の教育的視点を含めて写真と一緒に提示されるため、地域からも幼児教育への理解が得られやすい形になっています。ただし、個人情報開示には十分注意が必要です。	連絡帳や朝夕の保護者との会話のなかでは伝えきれない保育と子どもの発達があります。保護者にとって保育の中身が見えないことは、保育者を信じているとはいえ不安要因のひとつです。保育がねらいに沿って行われ、子どもの成長が文章や写真で明確に見えることは保護者にとっても安心と喜びにつながります。ドキュメンテーションを提示することで、共に育てる意識を育みましょう。

保育のドキュメンテーションとは

保育総合研究会会長　椛沢幸苗

そもそもドキュメンテーションとは何？

ドキュメンテーションということばの意味は、情報を収集して整理、体系化し記録を作成すること。または文書化し、可視化するということです。

保育におけるドキュメンテーションとは？

保育や子どもに関する情報を集めて、整理し、目的に合った形で様々に記録し、保育者・子ども・保護者に発信していくものです。イタリアのレッジョ・エミリア地方で行われている、世界的に有名な保育方法の大きな柱の一つです。

イタリアのレッジョ・エミリア地方のレッジョ・エミリア・アプローチ（後述）における保育のドキュメンテーションは、保育者・子ども・保護者間のコミュニケーションツールとして大きな役割を果たしています。このドキュメンテーションは保育者による観察記録であり、子どもの発見をほかの保育者・子ども・保護者と共有するために役立てているものです。

観察記録は保育にどう役立つ？

たくさんの観察記録や子どもの作った作品を通して、子どもの考え方や認知過程（発達過程）を理解することが可能だといわれています。もちろん保育者には、認知過程（発達過程）を把握する保育を見る観察力が求められます。ただ一人では気づかなかったことも、この観察記録をほかの保育者などと複数の目で見ることにより新しい発見をすることができます。

ドキュメンテーションを媒体として先輩保育者、主任や園長のアドバイスを得、保育者は翌日の指導計画に観察記録を役立たせることができるでしょう。また、多くの目がこの観察記録を見ることで、子どもの姿をより正確に把握することができるのです。

評価のPDCAサイクルとは？

保育の評価をする際によく使われるPDCAサイクルは、保育内容を計画し、その計画を実践し、実践した保育を振り返りチェックし、次のステップへのアクションを起こし、そのサイクルを回すたびに次の保育計画に反映されるようにしていくものとされています。元々、このPDCAサイクルは工学用語として使われていたもので、品質管理や危機管理、安全管理など、近代の行動科学に基づいて単一化した業務に有効であると考えられているものです。つまり、決まりきったものを決まりきった基準に合わせ、その基準をクリアし高品質を保っているかを見る場合には有効であるということです。しかし、それぞれに特徴を持った保育内容や子どもたちの発達の援助をこの評価方法を機械的にくり返すだけで改善していけるものでもあります。

保育ドキュメンテーションにつながる
これからの評価は？

日々の保育のなかにも、この一定基準をクリアする評価の方法を必要とする部分はあります。しかし、日本保育学会第7代会長の秋田喜代美先生が話されているように、子どもを一人ひとりの個性に合った成長・発達へと導く営みにおいて、どの子に対しても同じように行う保育内容では一人ひとりの子どもの人権を保障して育てることはできません。そこで、これからの評価のあり方は、成長・発達に個人差が大きい乳幼児期において、特に品質管理的なPDCA型の質の保証を超え、専門性に基づいた改革論が必要な時期にきているといわれています。

多くの子どもに当てはまる基礎的な評価の部分と合わせ、個人差や個性を重視した視点に基づく保育者の思考や記録、評価がより重要になるということです。

「集団のなかの個」から「個の集合体である集団」へと意識を切り替え、個の力を確立し、社会の役に立てる人間の基礎を育てるうえでの評価をしていくこと。それが保育ドキュメンテーション作成の基本の一つになります。

園と家庭が連携した子育てのために
ドキュメンテーションが必要

今までも手紙や写真、おたよりやビデオ映像、掲示板、ホームページなどで家庭への発信をくふうしてきましたが、ほとんどが何かをしたという状況報告や表面的な現象の伝達にとどまることが多かったように思います。

園と家庭が連携をするためには、情報をできるだけ同じレベルで理解し共有する必要があります。それには「なぜその保育を設定したのか」「子どもは準備された環境でどのような力をつちかっているのか」「その成長が次の成長のどこへつながっているのか」を、専門家としての観察と視点を持った映像（写真）や簡単な文章で構成し（保育のドキュメンテーション）発信することです。これは3育（共育・協育・教育）のための確実なツールとなります。

ニューズウィーク誌に紹介された
レッジョ・エミリア・アプローチ

1991年にニューズウィーク誌に紹介されたイタリアのレッジョ・エミリア・アプローチの記事には、現代保育に携わるだれもが賛同するという「公共性の大切さ」が示されていました。街全体が施設（乳児保育所や幼児学校を指す）と響きあうことで施設や家庭、そして社会の子育ての質を向上させ、豊かな地域社会をつくり上げているという意味のことが書かれていたのです。

教育がその国をつくるといわれるように、学校教育のみならず、乳幼児を保育する施設のこの小さな教育的取り組みの効果が世界を驚かせたことはいうまでもありません。その最初の要因である保育のプロジェクト、そして保育ドキュメンテーションを日本の乳幼児教育で今後どう考え実践していくのかが、大きな課題だと思います。

保育ドキュメンテーションを
有効なコミュニケーションのツールに

ドキュメンテーションは、記録された子どもの行動やことばから保育の目的に沿った発達が明確に見えます。また、園の保育方針も見え、園内研修や新任保育者のわかりやすい研修資料になります。記録を積み上げていくことは園独自の貴重な財産にもなるでしょう。保育の写真や保育の専門家の視点からの文章で、子どもの成長を明確に見せることができるので、保護者とのコミュニケーションツールとしておおいに役立ちます。また日ごろの保育を地域に開示することで、園の理念や教育的視点が見え、地域のなかで保育への理解と協力を得やすい環境が期待されます。

保育ドキュメンテーションはどう作る？

まず指導計画からつながる保育内容である「あそびのプロジェクト」（週案、日案から）の設定を明確にします。つまり保育のなかのねらいや環境構成の目的を保育者が理解しておきます。子どものどういう発達を目的として保育を設定したかを、説明できるようにしておきましょう。

次に「プロジェクト」を実施して見えてくる子どもの言動や環境へのかかわり方をよく観察し、時系列で記録してみましょう。これが「保育ドキュメント」の作成です。作成した「保育ドキュメント」を先輩や、主任、園長に見てもらいましょう。それにより子どもの声を音として聞くだけではなく、ことばの奥にひそんでいる発達を見抜ける "ことばを見る" 力がついてきます。

最後に「あそびのプロジェクト」や「保育ドキュメント」の記録を、子どもの学びや成長が見えるよう写真や簡単な文章でわかりやすくまとめ、開示しやすい形の「保育ドキュメンテーション（保育情報の可視化）」にします。

評価基準

日本でも同じ保育ドキュメンテーションをすべき？

満3歳からは学校教育が保障されているので、幼稚園と幼保連携型認定こども園では、多少の差異があるとしても、評価上はほぼ一緒になっています。

特に現幼稚園教育要領、幼保連携型認定こども園教育・保育要領の施行により、必要な資質・能力を幼稚園（認定こども園）から高校までの見通しを持ったうえで育めるよう、カリキュラム・マネジメントを実施することが大きなポイントとされています。

幼稚園や認定こども園では、教育課程をふまえ全体的な計画を編成して、それに基づいて各種指導計画を立て（Plan）、実施して（Do）、評価し（Check）、改善（Act）をすることが求められます。

これらを計画的かつ組織的に行うことをカリキュラム・マネジメントといいます。そのPDCAサイクルの確立のなかでも、評価（Check）は最近特に重要視されています。

自己評価に加え、幼稚園における学校関係者評価は、認定こども園の施設関係者評価（平成27年施行の認定こども園制度において示されています）とともに、社会的な評価として大切なものとなっています（公定価格の設定においても加算額として位置付けられました）。

さらに令和2年より、幼稚園・認定こども園ともに公開保育が評価の重要な要素と位置付けられました。保育の質維持向上のひとつとして、今後大きな意味合いを持つものとなります。保育の質の維持・向上、また改善の一助になり、大きな意味合いを持つものとなることは確かでしょう。いずれにせよ、自己評価、計画と実行による学校評価、そして実際に保育を公開して受ける評価など、社会に開かれた評価が大事になることは間違いありません。

保育所について

いっぽう、保育所は幼児教育施設としての位置付けがあるものの、学校教育に位置付いてはいません。よって現保育所保育指針のなかに上記のカリキュラム・マネジメントという言葉はありません。

しかしここでも全体的な計画を編成、実施したあとに評価と改善を行うPDCAサイクルが確立されて、絶え間なく保育の質を高めようとしています。

令和2年には、約10年ぶりに自己評価ガイドラインが改訂され、社会に評価される仕組みが示されています。

特に今回の自己評価ガイドラインでは、これまでのチェックリスト的なものだけではなく、ドキュメンテーションなどの使用も含めて多様で客観的な評価の仕方が望まれています。

ドキュメンテーションの使用の仕方次第で評価にも十分対応できるので、保育のなかで様々な使い方を考えるべきでしょう。

育みたい資質・能力

乳幼児期にどんな資質・能力を育てたいのかを明確化したのが「育みたい資質・能力」です。「育みたい資質・能力」はいずれも指針・要領に示す「乳児期の３つの視点」や「５領域」に基づく活動全体によって育まれ、園児の修了時・就学時の具体的な姿が「幼児期の終わりまでに育ってほしい10の姿」へとつながります。

（本書42ページ参照）

→ 「育みたい資質・能力」の３本の柱

1 「知識及び技能の基礎」

豊かな体験を通じて、感じたり、気付いたり、分かったり、できるようになったりする。

2 「思考力、判断力、表現力等の基礎」

気付いたことや、できるようになったことなどを使い、考えたり、試したり、工夫したり、表現したりする。

3 「学びに向かう力、人間性等」

心情、意欲、態度が育つ中で、よりよい生活を営もうとする。

主体的・対話的で深い学び

学びの目的は？

子どもたちが生涯にわたり能動的（アクティブ）に学び続ける姿勢を育むことが、主体的・対話的で深い学びの目的であり、乳幼児期にそれらの土台の形成が求められています。

主体的な学び

周囲の環境に興味や関心を持って積極的に働きかけ、見通しを立て粘り強く取り組み、自らのあそびを振り返って、期待を持ちながら次につなげる「主体的な学び」が実現できているか。

対話的な学び

他者とのかかわりを深めるなかで、自分の思いや考えを表現し、伝えあったり、考えを出しあったり、協力したりして自らの考えを広げ深める「対話的な学び」が実現できているか。

深い学び

直接的・具体的な体験のなかで、「見方・考え方」を働かせ対象とかかわって心を動かし、子どもたちなりのやり方やペースで試行錯誤を繰り返し、生活を意味あるものとしてとらえる「深い学び」が実現できているか。

５領域と10の姿

５領域

→ 施設や制度による違い

point 1
５領域のねらいは、「教育及び保育（※１）において育みたい資質・能力を園児（※２）の生活する姿から捉えたもの」として示されています。また、これまでの「心情、意欲、態度を身に付ける」ことも含めて「資質・能力の３本の柱を育む」ことを目的としています。

point 2
３つの視点及び５領域を、「乳児期」を起点に「（満）１歳以上（満）３歳未満」「（満）３歳以上」へと積み上げていくものとして、記載内容の連続性と、その違いについて理解を深めましょう。

施設によって異なる語句の使い分け

	認定こども園	保育所	幼稚園
※１	教育及び保育	保育	教育
※２	園児	子ども	幼児

10の姿

→ 幼児期の終わりまでに育ってほしい姿**10**項目

❶ **健康な心と体**

❷ **自立心**

❸ **協同性**

❹ **道徳性・規範意識の芽生え**

❺ **社会生活との関わり**

❻ **思考力の芽生え**

❼ **自然との関わり・生命尊重**

❽ **数量や図形、標識や文字などへの関心・感覚**

❾ **言葉による伝え合い**

❿ **豊かな感性と表現**

point 1 **「育ってほしい姿」であって到達目標ではない**

幼児期の終わりまでに育ってほしい姿として示されている10の項目は、「保育者が指導を行う際に考慮するもの」です。これらは要領・指針で示される「ねらい及び内容」に基づく活動全体を通して、「資質・能力」が育まれている幼児の、幼児期終了時における「育ってほしい具体的な姿」であり、到達目標ではありません。また、その内容は、特に年長学年において強く意識するものととらえましょう。

point 2 **小学校教育との接続時の共通言語**

なだらかな接続をするには双方で連携し通じあう必要があることから、理解しやすさを第一に考えられています。幼児期から少年少女期に差しかかるときの姿について、子どもの育ちをわかりやすく具体的に可視化したものです。要録にも示される可能性が高く、幼児期の育ちと学びを小学校以降にも伝えることが「10の姿」の意味です。

全体的な計画

全体的な計画とは

各要領・指針が示すところに従い、入園から修了までの在園期間の全体にわたり、園の目標に向かってどのように教育や保育を進めていくかを明らかにするものです。今回の改定で、認定こども園、保育所、幼稚園のすべてで「全体的な計画」を作成することになりました。共通する新たな内容として、生きる力の基礎である「育みたい資質・能力」(p.10参照) や「幼児期の終わりまでに育ってほしい姿」(p.12参照) なども、教育や保育のなかで考慮する必要があります。子育て支援や教育時間外の教育活動も含まれます。各要領・指針に記載されている内容に応じた全体的な計画を作成しましょう。

全体的な計画の作成イメージ

認定こども園

「教育＋保育＋子育ての支援」の記述が必要

★教育及び保育の内容と子育て支援などの内容の有機的関連を図りつつ、園の全体像を包括的に示す全体的な計画を作成します。

★義務教育及びその後の教育の基礎としての「満3歳以上の園児に対する教育」と「保育を必要とする子どもに該当する園児に対する保育」を一体的に提供し、0歳から小学校就学前までの園児の教育及び保育を一貫して行うための計画を作成します。

（「全体的な計画」を構成する計画）

- 満3歳以上の園児の教育課程に係る教育時間の教育活動のための計画
- 満3歳以上の保育を必要とする子どもに該当する園児の保育のための計画
- 満3歳未満の保育を必要とする子どもに該当する園児の保育のための計画
- 保護者等に対する子育ての支援の計画
- 一時預かり事業などとして行う活動のための計画
- 園生活全体を捉えた計画
- 安全計画・保健計画・災害計画など

これらが各指導計画へとつながります。ただし、計画は別個に作成するものではなく、園児一人ひとりにとって園生活がよりよいものとなるよう創意工夫し、教育及び保育の内容についての相互関連を図り、調和と統一のとれた計画であることが重要です。

保育所

「幼児教育を行う施設」としての記述が必要

★保育の内容が組織的・計画的に構成されるために、指針の第2章に沿った記述が必要です。

★幼児教育を行う施設として認定こども園や幼稚園と「同等の教育」をどう記述するか。計画のなかで「教育課程に係る」という表現を「保育内容5領域に基づく」とするなど、「教育と保育を一体的に提供する」保育所としての記述の工夫が必要です。特に、3歳以上児の保育の時間は教育部分をどのように記述するか考えましょう。

★保健計画・食育計画、及び各園が大切にする項目について、簡易に記述することで、詳細の計画につながっていきます。

幼稚園

「教育課程＋その他の計画」の記述が必要

★要領の第3章にある教育課程外の時間、預かり保育や避難訓練、交通安全など、いろいろな計画を関連づけながら、教育課程を中心にして全体的な計画を作成します。見通しを持って幼児の生活を把握し、「カリキュラム・マネジメント」を充実させる観点から、登園から降園まで、一体的に教育活動が展開されるようにします。

教育課程

教育課程とは、幼児教育として満3歳以上について共通のねらいと内容を持ち、資質・能力を育てる課程を表したもので、幼児教育と小学校以降の教育のつながりを明確にし、社会に開かれた教育課程の実現を目指すものです。年間39週以上、月曜日から金曜日までの5日間、1日4時間を標準としています。

社会に開かれた教育課程の実現

社会や世界の状況を幅広く視野に入れ、学校教育を通じてよりよい社会を創るという目標を持ち、全体的な計画に含まれる教育課程を介してその目標を社会と共有します。

 これからの社会を創りだしていく子どもたちが社会や世界に向きあい、かかわりあい、自らの人生を切り拓いていくために求められる資質・能力とは何かを教育課程において明確化していきます。

教育課程の実施にあたって、地域の人的・物的資源を活用する、放課後や土曜日等を活用した社会教育との連携を図るなど、学校教育を学校内に閉じずに、その目指すところを社会と共有・連携しながら実現させていきます。

資質・能力、10 の姿とのつながり

教育課程の作成の際は、各法人の理念に加え、「育みたい資質・能力」と「主体的・対話的で深い学び」を踏まえた目標を提示しましょう。また、「幼児期の終わりまでに育ってほしい10の姿」を念頭に置いて、卒園までに園児がどのような力を育むのかを整理しましょう。

保健計画・安全計画・災害計画

幼稚園教育要領には記載されていませんが、上位法である学校保健安全法により、認定こども園、幼稚園は「学校保健計画」「学校安全計画」「危険等発生時対処要領」などの作成が義務づけられています。

→ 学校保健計画

認定こども園、幼稚園では、学校保健安全法5条（学校保健計画の策定等）に「児童生徒等及び職員の心身の健康の保持増進を図るため、児童生徒等及び職員の健康診断、環境衛生検査、児童生徒等に対する指導その他保健に関する事項について計画を策定し、これを実施しなければならない」と示されています。ともに全体の計画に位置づくものとして、すべての職員がそのねらいや内容を念頭に置き、園児一人ひとりの健康の保持及び増進に努めていくこととされました。

→ 学校安全計画

学校保健安全法に基づき、学校安全計画及び危険等発生時対処要項（危機管理マニュアル）の策定が義務づけられ、平成27年度末時点では95%を超える学校において策定されています。次の段階として定期的な見直しを図り、園児の発達段階を踏まえながら、地域の特性や資源を生かし、より実効性の高いものへと改善する必要があります。

園長のリーダーシップのもと、安全を担う中核となる職員を定め、組織的な取り組みを明確に行えるような体制を構築しましょう。さらに、全職員が相互に連携し、組織的かつ適切な対応ができるなど、安全に関する必要に応じた資質・能力が身につくような体制整備や研修を行うPDCAサイクルの構築が求められています。

→ 災害計画

近年様々な自然災害が多く発生している状況を鑑みると、災害の発生を想定し、対策や備えをしておく必要があります。災害発生時の安心・安全を確保することはもちろん、子ども自身が災害から自分の身を守るという点も重要です。

● 「防火設備」「避難経路」「備品」を整理して施設・設備等の安全確保を行いましょう。

● 緊急時の対応・体制・連絡方法を整え、避難への備えをしましょう。

● 行政機関等、地域の関係機関との連携を心掛けましょう。

「資質・能力」の育ちの一覧表（乳児から幼児期の終わりまで）

幼保連携型認定こども園養護【第1章第3-5 (1) と (2)】		乳児期（三つの視点）【第2章第1ねらい及び内容】		5領域	満1歳～満3歳未満（5領域）【第2章第2ねらい及び内容】	満3歳以上（5領域）【第2章第3ねらい及び内容】
生命の保持	・(生命の保持) 園児一人一人が、快適にかつ健康で安全に過ごせるようにするとともに、その生理的欲求が十分に満たされ、健康増進が積極的に図られるようにする。	健やかに伸び伸びと育つ	身体的発達／健やかに伸び伸びと育つ [健康な心と体を育て、自ら健康で安全な生活をつくり出す力の基盤を培う。] ねらい (1) 身体感覚が育ち、快適な環境に心地よさを感じる。 (2) 伸び伸びと体を動かし、はう、歩くなどの運動をしようとする。 (3) 食事、睡眠等の生活のリズムの感覚が芽生える。 【健康】	健康	[健康な心と体を育て、自ら健康で安全な生活をつくり出す力を養う。] ねらい (1)明るく伸び伸びと生活し、自分から体を動かすことを楽しむ。 (2)自分の体を十分に動かし、様々な動きをしようとする。 (3)健康、安全な生活に必要な習慣に気付き、自分でしてみようとする気持ちが育つ。	[健康な心と体を育て、自ら健康で安全な生活をつくり出す力を養う。] ねらい (1)明るく伸び伸びと行動し、充実感を味わう。 (2)自分の体を十分に動かし、進んで運動しようとする。 (3)健康、安全な生活に必要な習慣や態度を身に付け、見通しをもって行動する。
		身近な人と気持ちが通じ合う	社会的発達／身近な人と気持ちが通じ合う [受容的・応答的関わりの下で、何かを伝えようとする意欲や身近な大人との信頼関係を育て、人と関わる力の基盤を培う。] ねらい (1) 安心できる関係の下で、身近な人と共に過ごす喜びを感じる。 (2) 体の動きや表情、発声等により、保育教諭等と気持ちを通わせようとする。 (3) 身近な人と親しみ、関わりを深め、愛情や信頼感が芽生える。 【人間関係】【言葉】	人間関係	[他の人々と親しみ、支え合って生活するために、自立心を育て、人と関わる力を養う。] ねらい (1)幼保連携型認定こども園での生活を楽しみ、身近な人と関わる心地よさを感じる。 (2)周囲の園児等への興味・関心が高まり、関わりをもとうとする。 (3)幼保連携型認定こども園の生活の仕方に慣れ、きまりの大切さに気付く。	[他の人々と親しみ、支え合って生活するために、自立心を育て、人と関わる力を養う。] ねらい (1)幼保連携型認定こども園の生活を楽しみ、自分の力で行動することの充実感を味わう。 (2)身近な人と親しみ、関わりを深め、工夫したり、協力したりして一緒に活動する楽しさを味わい、愛情や信頼感をもつ。 (3)社会生活における望ましい習慣や態度を身に付ける。
情緒の安定	・(情緒の安定) 園児一人一人が安定感をもって過ごし、自分の気持ちを安心して表すことができるようにするとともに、周囲から主体として受け止められ主体として育ち、自分を肯定する気持ちが育まれていくようにし、くつろいで共に過ごし、心身の疲れが癒やされるようにする。	身近なものと関わり感性が育つ	精神的発達／身近なものと関わり感性が育つ [身近な環境に興味や好奇心をもって関わり、感じたことや考えたことを表現する力の基盤を培う。] ねらい (1) 身の回りのものに親しみ、様々なものに興味や関心をもつ。 (2) 見る、触れる、探索するなど、身近な環境に自分から関わろうとする。 (3) 身体の諸感覚による認識が豊かになり、表情や手足、体の動き等で表現する。 【環境】【表現】	環境	[周囲の様々な環境に好奇心や探究心をもって関わり、それらを生活に取り入れていこうとする力を養う。] ねらい (1)身近な環境に親しみ、触れ合う中で、様々なものに興味や関心をもつ。 (2)様々なものに関わる中で、発見を楽しんだり、考えたりしようとする。 (3)見る、聞く、触るなどの経験を通して、感覚の働きを豊かにする。	[周囲の様々な環境に好奇心や探究心をもって関わり、それらを生活に取り入れていこうとする力を養う。] ねらい (1)身近な環境に親しみ、自然と触れ合う中で様々な事象に興味や関心をもつ。 (2)身近な環境に自分から関わり、発見を楽しんだり、考えたりし、それを生活に取り入れようとする。 (3)身近な事象を見たり、考えたり、扱ったりする中で、物の性質や数量、文字などに対する感覚を豊かにする。
				言葉	[経験したことや考えたことなどを自分なりの言葉で表現し、相手の話す言葉を聞こうとする意欲や態度を育て、言葉に対する感覚や言葉で表現する力を養う。] ねらい (1)言葉遊びや言葉で表現する楽しさを感じる。 (2)人の言葉や話などを聞き、自分でも思ったことを伝えようとする。 (3)絵本や物語等に親しむとともに、言葉のやり取りを通じて身近な人と気持ちを通わせる。	[経験したことや考えたことなどを自分なりの言葉で表現し、相手の話す言葉を聞こうとする意欲や態度を育て、言葉に対する感覚や言葉で表現する力を養う。] ねらい (1)自分の気持ちを言葉で表現する楽しさを味わう。 (2)人の言葉や話などをよく聞き、自分の経験したことや考えたことを話し、伝え合う喜びを味わう。 (3)日常生活に必要な言葉が分かるようになるとともに、絵本や物語などに親しみ、言葉に対する感覚を豊かにし、保育教諭等や友達と心を通わせる。
				表現	[感じたことや考えたことを自分なりに表現することを通して、豊かな感性や表現する力を養い、創造性を豊かにする。] ねらい (1)身体の諸感覚の経験を豊かにし、様々な感覚を味わう。 (2)感じたことや考えたことなどを自分なりに表現しようとする。 (3)生活や遊びの様々な体験を通して、イメージや感性が豊かになる。	[感じたことや考えたことを自分なりに表現することを通して、豊かな感性や表現する力を養い、創造性を豊かにする。] ねらい (1)いろいろなものの美しさなどに対する豊かな感性をもつ。 (2)感じたことや考えたことを自分なりに表現して楽しむ。 (3)生活の中でイメージを豊かにし、様々な表現を楽しむ。

ねらいは教育及び保育において育みたい資質・能力を園児の生活する姿から捉えたもの／内容は、ねらいを達成するために指導する事項／各視点や領域は、この時期の発達の特徴を踏まえ、教育及び保育のねらい及び内容を乳幼児の発達の側面から、乳児は三つの視点として、幼児は五つの領域としてまとめ、示したもの／内容の取扱いは、園児の発達を踏まえた指導を行うに当たって留意すべき事項

幼児期の終わりまでに育ってほしい姿　10項目【第1章第1-3（3）】			付属CD「46細目」参照	育みたい資質・能力【第1章第1-3（1）】		小学校以上の資質・能力
ア	健康な心と体【健康】	幼保連携型認定こども園における生活の中で、充実感をもって自分のやりたいことに向かって心と体を十分に働かせ、見通しを持って行動し、自ら健康で安全な生活をつくり出すようになる。	8項	個別の「知識及び技能の基礎」	豊かな体験を通じて、感じたり、気付いたり、分かったり、できるようになったりする「知識及び技能の基礎」	何を理解しているか、何ができるか（生きて働く「知識・技能」の習得）
イ	自立心【人間関係】	身近な環境に主体的に関わり様々な活動を楽しむ中で、しなければならないことを自覚し、自分の力で行うために考えたり、工夫したりしながら、諦めずにやり遂げることで達成感を味わい、自信をもって行動するようになる。	4項			
ウ	協同性【人間関係】	友達と関わる中で、互いの思いや考えなどを共有し、共通の目的の実現に向けて、考えたり、工夫したり、協力したりし、充実感をもってやり遂げるようになる。	4項			
エ	道徳性・規範意識の芽生え【人間関係】	友達と様々な体験を重ねる中で、してよいことや悪いことが分かり、自分の行動を振り返ったり、友達の気持ちに共感したりし、相手の立場に立って行動するようになる。また、きまりを守る必要性が分かり、自分の気持ちを調整し、友達と折り合いを付けながら、きまりをつくったり、守ったりするようになる。	5項	「思考力・判断力・表現力等の基礎」	気付いたことや、できるようになったことなどを使い、考えたり、試したり、工夫したり、表現したりする「思考力、判断力、表現力等の基礎」	理解していること・できることをどう使うか（未知の状況にも対応できる「思考力・判断力・表現力等」の育成）
オ	社会生活との関わり【人間関係】	家族を大切にしようとする気持ちをもつとともに、地域の身近な人と触れ合う中で、人との様々な関わり方に気付き、相手の気持ちを考えて関わり、自分が役に立つ喜びを感じ、地域に親しみをもつようになる。また、幼保連携型認定こども園内外の様々な環境に関わる中で、遊びや生活に必要な情報を取り入れ、情報に基づき判断したり、情報を伝え合ったり、活用したりするなど、情報を役立てながら活動するようになるとともに、公共の施設を大切に利用するなどして、社会とのつながりなどを意識するようになる。	6項	「学びに向かう力・人間性等」	心情、意欲、態度が育つ中で、よりよい生活を営もうとする「学びに向かう力、人間性等」	どのように社会・世界と関わり、よりよい人生を送るか（学びを人生や社会に生かそうとする「学びに向かう力・人間性等」の涵養）
カ	思考力の芽生え【環境】	身近な事象に積極的に関わる中で、物の性質や仕組みなどを感じ取ったり、気付いたり、考えたり、予想したり、工夫したりするなど、多様な関わりを楽しむようになる。また、友達の様々な考えに触れる中で、自分と異なる考えがあることに気付き、自ら判断したり、考え直したりするなど、新しい考えを生み出す喜びを味わいながら、自分の考えをよりよいものにするようになる。	6項			
キ	自然との関わり・生命尊重【環境】	自然に触れて感動する体験を通して、自然の変化などを感じ取り、好奇心や探究心をもって考え言葉などで表現しながら、身近な事象への関心が高まるとともに、自然への愛情や畏敬の念をもつようになる。また、身近な動植物に心を動かされる中で、生命の不思議さや尊さに気付き、身近な動植物への接し方を考え、命あるものとしていたわり、大切にする気持ちをもって関わるようになる。	4項	小学校との接続関係	※小学校教育との接続に当たっての留意事項イ　幼保連携型認定こども園の教育及び保育において育まれた資質・能力を踏まえ、小学校教育が円滑に行われるよう、小学校の教師との意見交換や合同の研究の機会などを設け、「幼児期の終わりまでに育ってほしい姿」を共有するなど連携を図り、幼保連携型認定こども園における教育及び保育と小学校教育との円滑な接続を図るよう努めるものとする。	※例1）小学校学習指導要領/第1章総則/第2教育課程の編成/4学校段階等間の接続（1）幼児期の終わりまでに育ってほしい姿を踏まえた指導を工夫することにより、幼稚園教育要領等に基づく幼児期の教育を通して育まれた資質・能力を踏まえて教育活動を実施し、児童が主体的に自己を発揮しながら学びに向かうことが可能となるようにすること。幼児期の教育及び中学年以降の教育との円滑な接続が図られるよう工夫すること。特に、小学校入学当初においては、幼児期において自発的な活動としての遊びを通し育まれてきたことが、各教科等における学習に円滑に接続されるよう、生活科を中心に、合科的・関連的な指導や弾力的な時間割の設定など、指導の工夫や指導計画の作成を行うこと。→スタートカリキュラムの位置付け
ク	数量や図形、標識や文字などへの関心・感覚【環境】	遊びや生活の中で、数量や図形、標識や文字などに親しむ体験を重ねたり、標識や文字の役割に気付いたり、自らの必要感に基づきこれらを活用し、興味や関心、感覚をもつようになる。	2項			
ケ	言葉による伝え合い【言葉】	保育教諭等や友達と心を通わせる中で、絵本や物語などに親しみながら、豊かな言葉や表現を身に付け、経験したことや考えたことなどを言葉で伝えたり、相手の話を注意して聞いたりし、言葉による伝え合いを楽しむようになる。	4項			
コ	豊かな感性と表現【表現】	心を動かす出来事などに触れ感性を働かせる中で、様々な素材の特徴や表現の仕方などに気付き、感じたことや考えたことを自分で表現したり、友達同士で表現する過程を楽しんだりし、表現する喜びを味わい、意欲をもつようになる。	3項			

各視点や領域に示すねらいは、こども園における生活の全体を通じ、園児が様々な体験を積み重ねる中で相互に関連をもちながら次第に達成に向かうもの／内容は、園児が環境に関わって展開する具体的な活動を通して総合的に指導されるものであることに留意／「幼児期の終わりまでに育ってほしい姿」が、ねらい及び内容に基づく活動全体を通して資質・能力が育まれている園児のこども園修了時の具体的な姿であることを踏まえ、指導を行う際に考慮する

4歳児とは

自分が見える4歳児

4歳児は、それまで以上に視野を広げたなかで自分自身を見つめ直せるようになります。「自分は何でもできる」と思う3歳児から、「できること・できないこと」が見えてくる4歳児になっていきます。「思い描いている世界と現実」とのギャップに悩み、それを調整する力がついてきます。

この時期は、できることがたくさん増えて自我も発達する時期です。その一方で、まだまだ完璧にこなすことができないため、思わぬけがや事故につながる危険もあります。精神面では、自分と他人の区別がつくようになり、自意識が芽生えはじめます。友だちとのトラブルも増えてきますが、自制心も育ってくるので、我慢することができるようにもなります。

こんなことできるよ4歳児

言語能力が格段に発達し、できごとや自分の気持ちをじょうずに伝えられるようになります。また、想像力が豊かになりお話をつくることもできるようになります。3歳のころより運動機能が発達し、バランスをとる力もアップします。また、手先も器用になり、はさみなどをじょうずに使えるようになります。

運動

・スキップや片足跳びといった複雑な運動ができる。
・はさみやペン、ひもなど手先をつかう道具が使える。
・走りながらボールを投げるなど、2つのことを同時にできる。
・ことばによる指示に応えて移動や動作を行おうとする。

言語

・「だって〜」を使い、はっきりと理由を持った主張ができる。
・その日にあったできごとなどを接続詞を使って複文で話せる。
・多弁になり相手の気持ちもわかろうとする。
・ことばを楽しむあそびに興味を持つ。

認識

・時間（過去・現在・未来）を認識できるようになる。
・ことばを選んで周りに合わせたコミュニケーションをとることができる。
・目に見えない概念（想像や空想）を理解できるようになる。
・自分と他人の区別がつくようになる。
・数や量の大小、多少がわかり、比較ができる。
・素材の違いにも気づく。

社会性

・生活に必要な習慣が身につき、自分でできるようになる。
・自分の欲求と周囲の状況の間で折り合いをつける。
・社会の規範意識（ルール）が芽生える。

描画から見えてくる 4 歳児

4歳ごろになると、子どもたちはことばが持っているイメージで物事を見たり考えたりできるようになります。同じように四本の足で歩く動物でも犬と猫と馬の違いに気づいたり、共通するものから「動物」と認識できるようになったりしていきます。こうして、4歳児はますます言語量と表現力を拡大し、イメージする力を発達させていくのです。

顔から手や足や胴体などが出てくる

頭から手や足が出た「頭足人」から、胴体から手や足が出た絵が描けるようになります。足が機能してくると子どもたちにとって足が大きな存在となって絵に現れてきます。

自分のイメージで絵を描く

「お父さんを描こうか」など与えられたイメージを理解して描くことができるようになります。目の前にいないお父さんを思い浮かべて描くことができるのです。

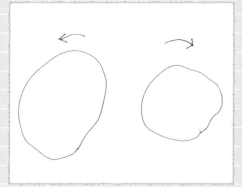

逆円の描画

外転円を描くとともに内転円も描けるようになります（逆の方向からも円が描けるようになります）。

年間指導計画 ポイント

年間指導計画は、一年間の子どもの生活や発達を見通して長期的な計画を作ります。子どもの人数、男女比、誕生月の構成、興味・関心のあり方などを踏まえて、子どもの実態をとらえて作成することが重要です。

① 保育目標
園の方針をもとに、1年間を通して子どもの成長と発達を見通した全体の目標を記載します。

② ねらい
「保育目標」をもとに、I～IV期に分けて、子どもが身に付けることを望まれる心情や態度などを記載します。

③ 養護
保育教諭が行うことが望まれる援助(養護)を「生命」「情緒」の2つの視点に分けて記載します。

④ 教育
「ねらい」を達成するために展開する保育を、「健康」「人間関係」「環境」「言葉」「表現」の5領域に分け、望まれる心情や態度などを記載します。

年間指導計画ポイント

保育目標	○保育教諭や友達とのかかわりを深め、友達の気持ちに気付き、集団で行動できるようになる。		20XX年度 ワンダー園　4歳児　年間指導計画案		園長 / 主任 / 担任
年間区分			**I期(4月～6月)**	**II期(7月～9月)**	**III期(10月～12月)**	**IV期(1月～3月)**

		I期(4月～6月)	II期(7月～9月)	III期(10月～12月)	IV期(1月～3月)
ねらい		○新しい環境に慣れ、安心して生活する。○自分でしたい遊びを見つけて、保育教諭や友達と触れ合って遊ぶ楽しさを味わう。	○梅雨時と夏の過ごし方の違いに気付き、身の回りのことに興味・関心を持つ。○友達とかかわり、体を動かしていろいろな遊びをやってみようとする気持ちを持つ。	○いろいろな素材を使ってイメージし、友達と一緒に作品を作る楽しさを感じる。○友達と十分に触れ合い、興味を持って見たり、考えたりする意欲を持つ。	○友達と一緒にし、工夫したりして遊びを進める楽しさを知り、身に付ける。○生活や遊びのきまりを守り、基本的な生活習慣や態度を身に付け、進級することへの意欲を持つ。
養護	**生命**	○生活リズムを整え、健康な生活を送るために必要な習慣を身に付けられるようにする。	○気温や湿度の変化を感じ、季節に合った衣服や行動を選ぶ。○一人一人の健康状態を把握し、健康で安全な生活を送れるようにする。	○季節の変化を感じながら、自分の好きな遊びを楽しむ。	○健康の大切さに気付き、自分の体を守る。
	情緒	○過紹した不安や期待を保育教諭に受け止めてもらい、安心して過ごす。○生活や遊びの中で友達や保育教諭と共に過ごし、かかわりを深めようとする。	○保育教諭に気持ちを受け止めてもらいながら、安心感を持って過ごせるようにする。○一人一人のかかわりを大切にして、信頼関係を深める。	○子ども一人一人の姿を認め、安心や自信を持って活動できるようにする。	○進級する期待を受け止めながら、不安なく過ごせるように一人一人とかかわる。
教育	**健康**	○食事・排泄など自分の行動が健康に結びつくことを知る。○遊具や用具の使い方、安全な遊び方を知る。	○いろいろな遊びの中で十分に体を動かす。○遊んだあとのかたづけや汚れた衣服の始末など、身の回りのことを意識的に行う。	○室内外で遊具を使ったり、ルールのある遊びに進んで参加し、十分に体を動かす楽しさを味わう。○衣服の着脱や食事、排泄など健康な生活に必要な習慣をしっかり身に付ける。	○自分の健康に関心を持ち、様々な食べ物を進んで食べる。○戸外で全身を思い切り動かして遊び、みんなと一緒に遊ぶ楽しさを味わう。
	人間関係	○保育教諭に親しみを持ち、かかわって遊ぶ。○持ち物の準備や始末を自分でしようとする。	○生活や遊びの中で決まりを守ろうとする。○簡単なルールのある遊びをする。	○友達と楽しく生活する中できまりの大切さに気付き、守ろうとする。○地域の人たちとの触れ合いを楽しむ。	○簡単なルールをつくりだし、友達と一緒に遊びを楽しむ。○よいこと・悪いことがあることに気付き、考えながら行動する。
	環境	○戸外で身近な自然に親しみ、いろいろな生態系があることを知る。○身近な遊具や用具の使い方を知り、工夫して楽しんで遊ぶ。	○身近な動植物を見たり、さわったり、においを嗅いだりして興味・関心を持つ。○身近な事物に自らかかわり扱うことで、数や量、形などに興味を持つ。	○物を集めたり、教えたり、分けたりすることに関心を持つ。○季節により自然や人間の生活に変化があることに気付く。	○冬の自然事象に興味や疑問を持ち、感動したり疑問を持つ。○生活や遊びの中で数量や図形、文字に関心を持つ。○地域の行事や社会の事象に興味・関心を持つ。
	言葉	○簡単な挨拶をしようとする。○してほしいことや思ったことを保育教諭にいろいろな方法で伝えようとする。○クラスの友達と一緒に絵本や童話を見たり聞いたりして楽しむ。	○保育教諭や友達の話を興味を持って聞こうとする。○したいこと、してほしいことを自分の言葉で伝える。○生活や遊びの中で友達の言葉のやり取りを楽しむ。	○興味を持って言葉遊びを楽しんで聞いたり、言ったりする。○絵本や物語、紙芝居に興味・関心を示し、親しみを持って見たり聞いたりする。	○自分の思ったり感じたりしたことを言葉で相手に伝えようとする。○保育教諭や友達の言葉を注意して聞き、相手の思いや内容を理解しようとする。
	表現	○歌を歌ったり、手遊びして楽しむ。○身近な素材に親しみ、かいたりつくったりすることを楽しむ。	○身近にあるいろいろな素材や用具に親しみ、かいたりつくったりすることを楽しむ。○歌や音に合わせて表現を使ったり、自由に動いたりして楽しむ。	○歌や簡単な合奏をみんなでする楽しさを味わう。○自然の物や廃品を利用して、自分のイメージに合わせて製作を楽しむ。	○自分のイメージを動きや言葉などで、いろいろな方法で表現して遊ぶ楽しさを味わう。○身の回りの環境を美しくすることや、作品を見たり飾ったりすることに興味を持つ。
食育		○友達と一緒に食べる喜びを味わう。○様々な食材があることを知り、食べる楽しさを味わう。	○夏野菜を育てることに興味を持ち、収穫を楽しむ。○料理する様子を見たり、作る人に興味を持ったりする。	○旬の食材の季節感を持って味わうことを楽しむ。○みんなと一緒に食べる楽しさを味わう。	○行事を通して伝統的な日本の食生活の習慣を知る。○食を通して命に関心を持ち、食の大切さを知る。
健康・安全		○交通のきまりや安全な歩き方を知り、行動する。	○遊具や用具の使い方を知り、安全に使って遊ぶ。○避難訓練に参加することで、自分の命は自分で守るということを知る。	○園庭の整備と道具の持ち替行し、体を動かしたくなるような環境をつくり、十分に運動が楽しめるようにする。	○危険な物や危険な場所を知り、安全に気を付ける。
気になる子への対応		○一人一人の発達の様子を把握し、友達とかかわってスムーズに園生活が送れるように配慮する。	○園生活や様々な活動の中で自分のできることから挑戦し、その中で達成感を味わえるようにしていく。	○子ども同士が一緒に生活する楽しさを味わえるように交流の場を設け、簡単なイメージを伝え合えるような素材を用意する。○様々な事象に対し、科学的な興味・関心が持てる環境を設定する。	○成長を保護者と共に喜ぶ。○進級、及び就学までのプロセスを保護者に伝え、共に育てていくようにする。
環境設定		○子どもが安心して楽しんで過ごせると感じられるように、家庭での過ごし方の関連性を考えた道具を準備するとともに、一人一人が落ち着ける場所を設ける。	○自然と十分に触れ合いが持てるよう、園庭での植物の栽培、小動物の飼育など環境を整備しておく。○プール遊び、色水や絵の具遊びなど、経験差に配慮した、いくつかの場を構成する工夫をする。○遊びの連続性を大切にする。	○子ども同士が一緒に生活する楽しさを味わえるように交流の場を設け、簡単なイメージを伝え合えるような素材を用意する。○様々な事象に対し、科学的な興味・関心が持てる環境を設定する。	○いろいろな遊びや生活、当番の仕事などを、体験しながら引き継ぎが行われるように、年児との交流ができる場を構成する。
配慮事項		○人とのかかわりがうまく持てるように、人の話はよく聞き、自分から話して伝える大切さや、言ったことを守る大切さを伝え、友達とかかわったりする活動の機会を増やし、自然とかかわれるようにしていく。	○汗をかいたらふいたり、疲れたら水分や休息をとったりすることの大切さを知らせていく。○水に親しみ、喜んで水遊びができるよう、プールや泥遊び、砂遊びなど植物への水やりなどを遊びの中に取り入れる。	○全身を使った運動遊びができるように保育教諭も一緒に楽しみながら遊び、子どもたちが興味を持てるようにしていく。○畑や野菜などに触れて身近で親しみ、嫌いな物でもみんなといい気持ちになれるように声掛けをしていく。○保育教諭と一緒に友達との食事を楽しめるような環境設定をする。	○日本の伝統を身近に感じられるよう、正月遊びを取り入れていく。実際に自分たちで玩具を使って遊び、うれしさや楽しさを味わう。○道具などを十分に持ち、互いに尊び合えるような配慮をする。
保護者などへの支援		○進級・入園してからの子どもの気持ちを認め、病気や体調不良が出ないように家庭との連絡を密にする。○保護者の不安を受け止め、伝えていくようにしていく。	○保育参観、懇談会、行事などを通して子どもの成長を知らせ、園との信頼関係を深めていく。○家庭・地域訪問などを通して子どもの生活環境を把握し、必要に応じて安定な関わりの協力を依頼する。	○子どもたちの生活の仕方や活動について、共通認識を持てるような情報を提供し、協力してもらう。○子どもの成長告合いや保育のねらい、内容について情報を共有し、共育を目指す。	○進級に向け、子どもの成長や喜びの気持ちを大切にし、保護者と共に育ちを支えていくような話し合いの場を設定する。
行事		○入園式、内科健診、歯科検診、子育て満足、花の日	○総合訓練災害避難消火訓練、夏祭り、運動会	○生活発表会、歯科検診、秋の収穫祭、作品展示会、クリスマス子ども会	○豆まき、ひな祭り、修了お別れ会
保育教諭の自己評価		○新しい環境になじめず一人一人がスムーズに慣れるように、子どもたちの好きな遊びや、関心のある内容の準備に努めたが、すべての子どもを受け止められたかどうかは疑問が残った。	○一人一人の健康状態につもりで面倒を見られなかった。一人の楽しさや季節の変わり目に対しての配慮不足を痛感した。	○一人一人のイメージの思いを受け止め、活動できた。その結果、個性のある作品を完成させることができた。	○一年間を振り返り、自分の未熟さも反省させられたが、一人一人の子どもの生きる力に支えられ成長でき、進級に向けての生活や遊びも十分に子どもたちと楽しむことができた。

⑤ 食育
具体的な活動内容や環境設定を記載します。

⑥ 健康・安全
子どもの健康保持のために行うこと、また、安全を確保するための環境設定や設備点検、配慮事項などについて記載します。

⑦ 気になる子への対応
気になる子への共通理解を深めるため、必要な環境設定や援助などについて記載します。

⑧ 環境設定
「ねらい」を達成するために、子どもが活動する際、どのような環境設定が必要か記載します。

⑨ 配慮事項
子どもの状況に応じて、配慮すべき事項を記載します。

⑩ 保護者などへの支援
園から家庭へ、子どもの様子について伝えるとともに、園と家庭とで連携して進めたい事柄について記載します。

⑪ 行事
入園式や運動会など園全体で行うもの、誕生会などクラス単位で行うもの、すべてを記載します。

⑫ 保育教諭の自己評価
指導計画をもとに行った保育や指導方法が適切であったかどうか、設定していた「ねらい」を達成できたか、また、改善点などを記載し保育の質の向上を図ります。

※本書の指導計画は幼保連携型認定こども園での一例です。
※指導計画の作成については、『平成30年度施行　新要領・指針サポートブック』(世界文化社刊)もあわせてご参照ください。

20XX年度　ワンダー園　4歳児　年間指導計画案

園長	主任	担任

保育目標　◎保育教諭や友達とのかかわりを深め、友達の気持ちに気付き、集団で行動できるようになる。

年間区分		I期（4月～6月）	II期（7月～9月）	III期（10月～12月）	IV期（1月～3月）
ねらい		○新しい環境に慣れ、安心して生活する。 ○自分で好きな遊びを見つけ、保育教諭や友達と触れ合って遊ぶ楽しさを味わう。	○梅雨時期と夏の過ごし方の違いに気付き、身の回りのことに興味・関心を持つ。 ○友達とかかわり、体を動かしていろいろな遊びをやってみる楽しさや気持ちよさを持つ。	○いろいろな素材を使ってイメージし、友達と一緒に作品を作る楽しさを感じる。 ○身近な自然と十分に触れ合い、興味を持って見たり、考えたりする気持ちよさを持つ。	○友達と一緒に試したり、工夫したりして遊びを進める楽しさを味わう。 ○生活や遊びのさまざまな中で、基本的な生活習慣や態度を身に付け、進級することへの意欲を持つ。
養護	生命	○生活リズムを整え、健康な生活を送るために必要な習慣を身に付けられるようにする。	○気温や湿度の変化を感じ、季節に合った衣服の着脱や運動・休息など、一人一人の健康状態を把握し、健康で安全な生活を送れるようにする。	○季節の変化を感じながら、自分の好きな運動を楽しむ。	○健康の大切さに気付き、自分の体を守る。
	情緒	○進級した不安や期待を保育教諭に受け止めてもらい、安心して過ごす。 ○生活や遊びの中で友達や保育教諭と共に過ごし、かかわりを深めようとする。	○進級に気持ちを受け止めてもらいながら、安心感を持って遊び、一人一人とのかかわりを大切にし、信頼関係を深められるようにする。	○子ども一人一人の姿を認め、安心感を持って活動できるようにする。	○進級する期待を受け止めながら、不安なく過ごせるように一人一人とかかわる。
教育	健康	○食事・排泄など自分の健康に結びつくことを知る。 ○遊具や用具の使い方、安全な遊び方を知る。	○いろいろな遊びの中で十分に体を動かす。 ○遊んだあとの片づけや汚れた衣服の始末など、身の回りのことを意欲的に行う。	○室内外で遊具を使ったり、ルールのある遊びに進んで参加し、十分に体を動かす楽しさを味わう。 ○衣服の着脱や食事・排泄など健康な生活習慣を身に付ける。	○自分の健康に関心を持ち、様々な食べ物を進んで食べる。 ○戸外で全身を思いきり動かして行動する楽しさを味わう。
	人間関係	○保育教諭に親しみを持ち、かかわって遊ぶ。 ○持ち物の準備や始末を自分でしようとする。	○友達と一緒に約束やきまりを守ろうとする。 ○簡単なルールのある遊びを楽しむ。	○友達と楽しく生活する中できまりの大切さに気付き、守ろうとする。 ○地域の人たちとの触れ合いを楽しみ、親しみを感じる。	○簡単なルールをつくったり、友達と一緒に遊ぶ。 ○よいこと・悪いことがあることに気付き、考えながら行動する。
	環境	○戸外の自然に触れ、様々な生態系があることを知る。 ○身近な遊具や用具の使い方を知り、工夫して楽しむ。	○身近な植物を見たり、さわったり、においを嗅いでみたりして興味・関心を持つ。 ○身近な事物に自ら様々なかかわり方をすることで、数や量、形などに関心を持つ。	○地域を集めたり、数えたり、分けたりすることに関心を持つ。 ○季節により身近な自然や人間の生活に変化があることに気付く。	○冬の自然事象に興味や関心を持ち、感動したり疑問を持ったりする。 ○地域の行事や社会的事象に関心を持つ。
	言葉	○簡単な挨拶をしようとする。 ○してほしいことや思ったことを言葉で保育教諭に伝える。 ○クラスの友達と一緒に絵本を見たり質問をしたりして楽しむ。	○保育教諭や友達の話を興味を持って聞こうとする。 ○したいこと、してほしいことを自分の言葉で伝える。 ○生活や遊びの中で友達と言葉のやり取りを楽しむ。	○興味を持った言葉の話を繰り返し言ったり、友達に言ったりする。 ○絵本や物語、紙芝居に興味・関心を示し、親しみを持って見たり聞いたりする。	○自分の思ったり考えたりしたことを言葉で相手に伝えようとする。 ○保育教諭や友達の言葉を注意して聞き、相手の思いや内容を理解しようとする。
	表現	○歌を歌ったり、手遊びをして楽しむ。 ○身近な素材に親しみ、かいたりつくったりすることを楽しむ。	○身近にあるいろいろな素材や用具に親しみ、かいたりつくったりして楽しむ。 ○歌や曲に合わせて楽器を鳴らしたり、自由に動いたりして楽しむ。	○歌や簡単な音楽をみんなで歌うことを楽しむ。 ○自然の物や廃品を利用して、自分のイメージに合わせて製作する。	○自分のイメージを言葉や身体などで、いろいろな方法で表現して遊ぶ楽しさを味わう。 ○身の回りの環境をきれいにすることや、作品を見たり飾ったりすることに興味を持つ。
食育		○友達と一緒に食べることを楽しむ。 ○様々な食材があることを知り、食べくらべを味わう。	○夏野菜を育てることに興味を持ち、収穫を楽しむ。 ○料理選びや様子を見たり、作ることを楽しむ。	○旬の食材を食べて季節感を感じて味わうことを楽しむ。 ○みんなと一緒に食べる楽しさを味わう。	○行事食を通して伝統的な日本の食習慣を知る。 ○食を通して命に関心を持って味わう。
健康・安全		○交通の決まりや安全な歩行、避難の仕方を知り、行動する。	○遊具や用具の扱い方を知り、安全に遊ぶ。 ○避難訓練に参加することで、自分の命は自分で守ることを知る。	○園庭の整備に遊具の点検を行い、体を動かしたくなる環境をつくり、十分に運動をするようにする。	○危険な物や危険な場所を知り、安全に気を付ける。
気になる子への対応		○一人一人の発達の様子をよくとらえて、スムーズに園生活が送れるように配慮する。	○園生活の様々な活動の中で自分のできることを増やし、その中で達成感を得られるようにしていく。	○園全体の行事に一緒に参加するようにし、参加できたことを喜び、自己肯定感を持ち、次のステップへとつなげていけるようにする。	○成長を保護者と共に喜ぶ。 ○進級、及び就学までの保育のプロセスを保護者に伝えていくようにする。
環境設定		○園が安心できて楽しいところであると感じられるように、家庭との連携や関連のある遊びや環境を整備するとともに、一人一人が落ち着ける場を大切にする。	○自然に十分に触れ合えるように活動の中で自分のできることを増やしておく。 ○プール遊び、色水や砂の遊具など、経験差に配慮して、いろいろな遊びを構成する場を大切にする。	○子ども同士が一緒に生活する楽しさを味わえるように交流の場や遊びが行われるように、年長児との交流を図る。 ○様々な事象に対し、科学的な興味・関心の芽を育めるような環境設定をする。	○いろいろな遊びや生活、当番の仕事などを、体験しながら引き継ぎが行われるように、年長児との交流ができる場を構成する。
配慮事項		○人とのかかわりがうまく待てるように、人の話はよく聞き、また自分で話して伝えることの大切さも知らせていく。 ○戸外に出て動植物を見たり、触れたりする機会を増やし、自然にかかわる気持ちを大切にする。	○汗をかいたらふいたり、疲れたら休息をとったりするなど水分補給の大切さを知らせていく。 ○水に親しみ、喜んで水遊びができるようにプールに泥遊び、畑の野菜などに触れて苦手な物を食べてみようという気持ちになれるように声掛けをしていく。	○全身を使った運動遊びができるように子どもたちが興味を持てるようにする。 ○畑の野菜などに触れたり食べてみようという気持ちになれるように苦手な物を食べてみようという気持ちになれるよう、友達や保育教諭との食事を楽しめるような環境設定をする。	○日本の伝統を身近に感じられるよう、正月遊びを取り入れていく。実際に自分たちでつくった玩具を使って遊び、受け継がれて楽しむことができるように配慮していく。
保護者などへの支援		○進級・入園してからの一人一人の気持ちを認め、病気や体調不良が生じないように家庭との連携を密にする。 ○保護者の不安を受け止め、安心できる環境を提供していく。	○保育参観、懇談会、行事などを通しての子どもの成長を知らせ、園との信頼関係を密にする。 ○家庭・地域訪問など様子を見ながら子どもの生活環境を把握し、必要に応じて安全対策などの協力依頼をする。	○子どもたちの生活の仕方や活動について、共通認識を持てるようにする。 ○子どもの成長を喜び合いや保育について、内容について情報を持ち、共有を目指す。	○子どもの成長や喜びの気持ちを大切にし、保護者と共に期待を支えていくよう話し合いの場を設ける。
行事		○進級、入園式、内科健診、歯科検診、親子遠足、花の日	○総合非常災害消火避難訓練、夏祭り、運動会	○徒歩遠足、内科健診、歯科健診、秋の収穫祭、作品展示会、クリスマス会	○豆まき、ひな祭り、修了式、お別れ会
保育教諭の自己評価		○新しい環境に子どもたち一人一人に慣れていけるように、子どもたちが好きな遊びがスムーズに入れるよう、園との連携の準備に努めたが、すべての子どもたちを受け止められたかどうか疑問が残った。	○一人一人の健康状態に配慮したつもりであったが、季節の変わり目もあり、体調不良を崩す子どもが多かったので、季節の変化に対しての配慮不足を感じた。	○一人一人のイメージを受け止め、活動できた。その結果、個性のあるすばらしい作品を完成させることができた。	○一年間を振り返り、自分の未熟さを反省させられたが、一人一人の子どもの生きる力に支えられ成長でき、連絡に向けての生活や遊びに子どもたちと楽しむことができた。

月間指導計画ポイント

年間指導計画をもとに、より具体的に計画を作ります。子どもの様子や行事、生活の変化などを考慮し作成することが重要です。

1 これまでの子どもの姿
前月までの子どもの発達状態や、園での様子を記載します。

2 月のねらい
「これまでの子どもの姿」をもとに、保育教諭の援助によって子どもが身に付けることを望まれる心情や態度などについて記載します。

3 行事
園またはクラスで行われる行事を記載します。

4 保護者支援
保育者と家庭が子どもについて相互理解を深め、連携して発達を促すために、伝達すべき子どもの姿や必要な援助を記載します。

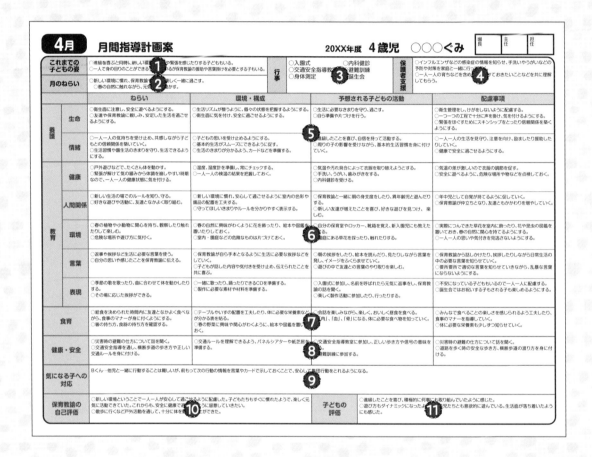

※⑤～⑧に関しては、各項目をさらに「ねらい」「環境・構成」「予想される子どもの活動」「配慮事項」の4つの項目に分けて記載します。

5 養護
保育教諭が行うことが望まれる援助（養護）を「生命」「情緒」の2つの視点に分けて記載します。

6 教育
「月のねらい」を達成するために展開する保育について、「健康」「人間関係」「環境」「言葉」「表現」の5領域に分け、望まれる心情や態度を記載します。

7 食育
具体的な活動内容や環境設定を記載します。

8 健康・安全
子どもの健康保持のために行うこと、また、安全を確保するための環境設定や設備点検などについて記載します。

9 気になる子への対応
気になる子への共通理解を深めるため、必要な環境設定や援助などについて記載します。

10 保育教諭の自己評価
指導計画をもとに行った保育や指導方法が適切であったかどうか、設定していた「ねらい」を達成できたか、また、改善点などを記載し保育の質の向上を図ります。

11 子どもの評価
指導計画をもとに行った保育で、子どもにどのような発達があったかを記載します。

※本書の指導計画は幼保連携型認定こども園での一例です。
※指導計画の作成については、『平成30年度施行　新要領・指針サポートブック』(世界文化社刊) もあわせてご参照ください。

4月　月間指導計画案

20XX年度　4歳児　○○○ぐみ

園長	主任	担任

行事	○入園式　○交通安全指導教室　○身体測定　○内科健診　○避難訓練　○誕生会	保護者支援	○インフルエンザなどの感染症の情報を知らせ、予防や対策を家庭と一緒に行っていく。 ○一人一人の育ちなどを含め、身に付けておきたいことなどを共に理解してもらう。

これまでの子どもの姿	○進級を喜ぶと同時に新しい環境に不安や緊張を感じたりする子どももいる。 ○一人で回りのことができたり自分でできることが増え保育教諭の援助や言葉掛けが必要とする子もいる。
月のねらい	○新しい環境に慣れ、保育教諭や友達と楽しく一緒に過ごす。 ○春の自然に触れながら、元気に体を動かす。

		ねらい	環境・構成	予想される子どもの活動	配慮事項
養護	生命	○衛生面に注意し、安全に過ごせるようにする。 ○友達や保育教諭と親しみ、安定した生活を過ごせるようにする。	○生活リズムが整うように、個々の状態を把握するようにする。 ○衛生面に気を付け、安全に過ごせるようにする。	○生活に必要なきまりを守り、過ごす。 ○自ら準備や片づけを行う。	○衛生管理をし、けがをしないように配慮する。 ○一つ一つの工程で丁寧に声を掛け、気を付けるようにする。 ○緊張を伴くすために一人一人とスキンシップをとって信頼関係を築くようにする。
養護	情緒	○一人一人の気持ちを受け止め、共感しながら子どもの信頼関係を築いていく。 ○生活習慣や園生活の流れを守り、生活できるようにする。	○子どもの思いを受け止めるようにする。 ○基本的な生活がスムーズにできるように従う。 ○生活のきまりがわかるよう、カードなどを準備する。	○進級したことを喜び、自信を持って活動する。 ○周りの子の影響を受けながら、基本的な生活習慣を身に付けていく。	○一人一人の生活を見守り、注意を向け、励ましたり援動したりしていく。 ○健康で安全に過ごせるようにする。
教育	健康	○戸外遊びなどで、たくさん体を動かす。 ○緊張が解けて気の緩みなどで体調を崩しやすい時期なので、一人一人の健康状態に気を付ける。	○温度・湿度調計を準備し、常にチェックする。 ○一人一人の検温の結果を把握しておく。	○気温や汚れ具合によって衣服を取り替えるようにする。 ○手洗い、うがい、歯みがきをする。 ○内科健診を受ける。	○気温の差が激しいので衣服の調節を促す。 ○安全に遊べるように、危険な場所や物などを点検しておく。
教育	人間関係	○新しい生活の場でのルールを知り、守る。 ○好きな遊びや活動に、友達となかよく取り組む。	○新しい環境に慣れ、安心して過ごせるように室内の色彩や備品の配置を工夫する。 ○守ってほしいきまりやルールを分かりやすく表示する。	○保育教諭と一緒に朝の身支度をしたり、異年齢児と遊んだりする。 ○新しい友達が増えたことを喜び、好きな遊びを見つけ、楽しむ。	○年中児として自覚が持てるようにしていく。 ○保育教諭が仲立ちとなり、友達とのかかわりを増やしていく。
教育	環境	○春の植物や小動物に関心を持ち、観察したり触れたりして楽しむ。 ○危険な場所や遊び方に気付く。	○春の自然に興味がわくように、絵本や図鑑を置いておく。 ○室内・園庭などの危険なものは取り除いておく。	○自分の保育室やロッカー、靴箱を覚え、絵本や図鑑を見たりしながら言葉を発したり、挨拶したりしながら園での日常生活を楽しむ。 ○園庭にある草花に触れたりする。	○実際につんできた草花を室内に飾ったり、花や昆虫の図鑑を置いておき、春の自然に関心を持てるようにする。 ○一人一人の思い付きを見逃さないようにする。
教育	言葉	○返事や挨拶など生活に必要な言葉を使う。 ○自分の思いや感じたことを保育教諭に伝える。	○保育教諭が自ら手本となるような挨拶をして、見たりいながら言葉を発しやすい雰囲気をつくる。 ○子どもが話したい内容や気付きを受け止め、伝えられたことを共に喜ぶ。	○自分の保育室やロッカー、靴箱を覚え、新入園児のことをする。 ○園庭にある草花に触れたりする。 ○朝の挨拶をしたり、絵本を読んだり、見たりしながら言葉のやり取りを楽しむ。	○保育教諭が話しかけたり、挨拶したりしながら日常生活の中の必要な言葉を知らせていく。 ○要所要所で適切な言葉を知らせていきながら、乱暴な言葉にならないようにする。
教育	表現	○季節の歌や歌を歌ったり、曲に合わせて体を動かしたりする。 ○その場に応じた挨拶ができる。	○一緒に歌ったり、踊ったりできるCDを準備する。 ○製作に必要な素材や材料を準備する。	○入園式に参加し、名前を呼ばれたら元気に返事をする。 ○保育教諭の話を聞く。 ○楽しく製作活動をしたり、行ったりする。	○不安になっている子どもも一人一人に配慮する。 ○誕生会ではお祝いする子どもも祝う子も楽しめるようにする。

	ねらい	環境・構成	予想される子どもの活動	配慮事項
食育	○給食を決められた時間に友達となかよく食べる。 ○箸の持ち方、食器の持ち方を確認する。	○テーブルやいすの配置を工夫したり、体に必要な栄養素などが分かる図表を貼る。 ○春の野菜に興味に関心がわくように、絵本や図鑑を置いておく。	○会話を楽しみながら、楽しく、おいしく給食を食べる。 ○「肉」「魚」「皿」「骨」になる、体に必要な食べ物を知っていく。	○みんなで食べることの楽しさを感じられるように工夫したり、食事のマナーを指導していく。 ○体に必要な栄養素を少しずつ知らせていく。
健康・安全	○災害時の避難の仕方について話を聞く。 ○交通安全指導を通し、横断歩道の歩き方や正しい交通ルールを身に付ける。	○交通ルールを理解できるよう、パネルシアターや紙芝居を準備する。	○交通安全指導教室に参加し、正しい歩き方や信号の意味を知る。 ○避難訓練に参加する。	○災害時の避難の仕方について話を聞く。 ○道路を歩く時の安全な歩き方、横断歩道の渡り方を身に付ける。

気になる子への対応	B くん…他児と一緒に行動することは難しいが、前もって次の行動についての情報を言葉やカードで示しておくことで、安心して集団行動をとれるようになる。
保育教諭の自己評価	○新しい環境という中でどこで一人一人が安心して過ごせるように配慮した。子どもたちもすぐに慣れたように、楽しく元気に活動できていた。これからも、安全に健康で過ごせるように留意していきたい。 ○散歩に行くなど戸外活動を通して、十分に体を動かすことができた。
子どもの評価	○進級したことを喜び、積極的に何事にも取り組んでいたように感じた。 ○遊び方がダイナミックになってきた年長児たちとも触れ合いにも喜んでいた。

4月　月間指導計画案

5月 月間指導計画案

20XX年度　4歳児　○○○ぐみ

行事	保護者支援
○避難訓練　○内科健診　○こどもの日のお祝い　○遠足　○たけのこ製作　○ミニ○デー　○母の日製作　○誕生会　○身体測定　＊毎週月曜、衛生検査	○連休明けの体調不良を伝え合い、生活リズムを整えて健康に過ごせるよう にする。 ○気温の変化に応じた着替えをする声を掛ける。 ○行事への参加を伝え、家庭と連携して社会のルールや公共マナー、集団行動の大切さを子どもたちに知らせる。

これまでの子どもの姿

○季節の行事について知り、その意味や大切さに気付いている。
○集団活動を通して社会のルールや公共のマナーを理解している。

月のねらい

○気温の変化に応じて、自らで体を心地よく清潔に過ごす。
○様々な食材に触れることで食への興味を深め、関心を広げる。

区分	ねらい	環境・構成	予想される子どもの活動	配慮事項
養護 生命	○生活リズムを整え、健康に過ごせるようにする。 ○汗をかいたら拭く、清潔に保てるようにする。 ○衣服の調節を行う際は、素早く着替えられるようにする。	○連休前の生活の流れを大切にし、生活リズムを整えるようにする。 ○気温に応じて、汗を拭くタオルで顔や体をふく。 ○衣服を脱ぐ際の手順を教えわかりやすく伝える。	○生活の仕方を再確認し過ごす。 ○暑さを感じたらタオルで顔や体をふく。 ○自分で衣服の管理を行い、着替えができる。	○生活リズムを整え、個々に配慮する。 ○汗や汚れで不快に感じたら、すすんで着替える声を掛ける。 ○気温や状況に応じて衣服の調節を促す。
情緒	○なめらかになるために両者の話に耳を傾け、思いを受け取り、安心できるようにする。 ○五月人形やこいのぼりを飾り、行事の由来を知る。	○友達とのかかわりが深まる時間を確保し、環境を整える。 ○五月人形やこいのぼりの由来や節句の意味を感じられるようにする。	○相手の話を聞き取ろうとして聞き返したりして、思いを受け入れられるようにする。 ○行事の由来について伝え、興味や関心を持って参加する。	○相手が話をしていることを状況を見て、仲立ちをする。 ○行事の由来について伝え、興味が持てるように導く。
教育 健康	○内科健診を通して、自分の体が健康であることを知り、喜び、元気に過ごす。 ○準備運動の大切さを知り、マットなどの用具に慣れ、体を動かしていく。	○内科健診がスムーズに行えるよう、事前に名前順に並ぶようにする。 ○周囲と用具の点検を行い、準備運動の大切さを子どもに土の間隔がとれる場所を選択する。	○自分の体調や成長の変化に気付きながら観察する。 ○しっかりと準備運動を行い、元気よくマット運動を行う。	○内科健診を通して健康な体であることに喜びを持ち、過ごせるようにする。 ○体をほぐしてから動くように促し、補助をしながら安全に楽しく過ごせるように配慮する。
人間関係	○母の日の意味を知り、感謝の気持ちを持つ。 ○約束事を理解し、積極的にいろいろな友達とかかわる。	○母の日製作や、カーネーションを準備する。 ○状況に応じての約束事を知らせていき、いろいろな友達とかかわれるよう仲立ちする。	○母の日があることを知り、母の日製作を行う。 ○約束を理解しながら、友達と親しみ遊ぶ。	○母への感謝を素直に伝え、親と子の役割、祖父母への関係性などに理解を深める。 ○集団遊びのルールや喜びを知らせる。
環境	○遠足に期待を持ち、自分の体の色やかたちなどに興味を持つ。 ○身の回りをきれいにする方法を知り、清潔であることの心地よさを感じる。	○動物園にいる動物の色やかたち、大きさや形などに興味を持つ。 ○ほうきとちり取りの正しい使い方を知らせる。	○動物に親しみを持ちながら観察する。 ○ほうきで文字に触れられたり、時計を見ながら活動するようになる。	○動物の名前や姿、大きさを子どもにとらえやすいよう声を掛け過ぎる。 ○子どもたちの周囲の安全に気を配りながら、一人一組で清掃活動を行う。
言葉	○返事や挨拶などに必要な言葉を使う。 ○母の日の歌を歌ったり、曲に合わせて体を動かす。 ○自分の思いや伝えたことを保育者に伝える。 ○感謝の言葉の意味を知る。	○母の日があることを知る。 ○文字や時間の正しい使い方を知らせる。	○「ありがとう」と感謝の気持ちを伝えられる。 ○日常の中で文字に触れられたり、時計を見ながら活動するようになる。	○感謝の気持ちを言葉で伝える喜びを味わえるよう援助していく。 ○文字や時計の正しい読み方を身近で伝えていく。
表現	○季節の歌を歌う。 ○たけのこの生育について知り、皮むきを行い、野菜に興味を持つ。 ○こどもの日の行事食に親しみ、食文化を知る。	○絵本や図鑑を用意し、写生を行う環境を整える。 ○画用紙やのりなど、製作に必要な材料を用意する。 ○汚れた手を拭けるようタオルを用意する。	○母の日があることを知らせる。 ○文字や時間の正しい使い方を知る。 ○身近にあるトイレットペーパーの芯の製作を行う。	○イメージがふくらむよう工夫して伝えていく。 ○たけのこの色や皮がどうなっているか、じっくり観察できるよう配慮する。 ○身近にある素材に親しみが持てるよう声掛けをする。
食育	○苦手な物も意欲的に食べる。 ○たけのこの生育について知り、皮むきを行い、野菜に興味を持つ。 ○こどもの日の行事食に親しみ、食文化を知る。	○苦手な食べ物にも体が大きくなるための栄養が含まれていることを知らせる。 ○たけのこの皮むきを楽しんだり、野菜に親しみを持つ。 ○みんなでたけのこの皮むきや節句の体験ができるよう知らせ、指導していく。 ○端午の節句の由来を紙芝居で知る。	○食べることは体が大きくなることを知り、意欲的に食べる。 ○たけのこの特徴を観察し、興味を持つ。 ○伝統行事に興味を持ち、積極的に参加する。	○自分でしようとする気持ちを大切にする。 ○食材の種類や彩りに配慮し、一緒に親しみが持てるようにする。 ○端午の節句の由来を伝え、親しみを持てるような声掛けをする。
健康・安全	○避難訓練には指示通りに行動できるようにする。 ○周りをよく見ながら行動する。	○避難訓練の大切さを知らせ、指導していく。 ○集団行動する時の約束事や避難の仕方を伝える。	○避難訓練とともに早く行動し、避難する。 ○前の友達について行き、集団で行動する。	○とまどうことなく声掛けをしながら落ち着いて行動し、避難する大切さを伝える。 ○集団行動ができるように配慮する。
気になる子への対応	Tくん…新しい活動に取り組む前もってくり返し伝え、ゆっくり個別に配慮していく。			
保育教論の自己評価	○たけのこの皮むきを通してたけのこの生育や特徴について知っていくことに達成感を味わい、野菜へ興味が増し、おいしそうに食べていたな姿が見られた。また、じっくり写生をすることで思い思いの表現が十分でき、おいしいの絵に気付き様子が見られた。 ○気温の変化に応じたけのこの違いや日々の様子を見られることから、基本的生活習慣が確立していき、清潔であることに心地よさを感じることができていると思われた。	○たけのこの皮むきを通して野菜に興味を持って食べようとする食欲が見られた。また、食べることが大きくなるようにふるまることなどを知り、バランスよく食べることの大切さを知ることができた。 ○基本的な生活習慣が確立し、自らで汗をふいたり着替えたりして、清潔であることの気持ちよさを知ることができた。		

6月 月間指導計画案

20XX年度　4歳児　○○○ぐみ

		園長	主任	担任
行事	○歯科検診　○歯みがき教室　○保育参観　○プール開き　○避難訓練　○誕生会　○身体測定			

これまでの子どもの姿
○身支度を自分でしようとする。　○友達とのかかわりが増え、戸外で思いきり体を動かし、保育士や友達に誘われ言葉で知らせる姿が見られる。
○自然に触れたり、戸外で思いきり体を動かして、保育士や友達と楽しんで遊ぶ姿が見られる。

月のねらい
○梅雨期を健康に過ごすために必要な生活習慣を身に付ける。
○友達とかかわり、水、泥、砂に触れて一緒に遊んだことを楽しむ。
○体を動かす遊びを通して、体の部位を知る。

区分		ねらい	環境・構成	予想される子どもの活動	配慮事項	保護者支援
養護	生命	○園外保育でつかまえてきた小動物の世話をすることで、命の大切さを意識できるようにする。○自分の汗の汗を意識する。○自分たちの植えた野菜や苗に関心を持ち、命に触れることに気付くようにする。○自分の命の大切さを知らせる。	○食事について興味・関心が持てるように、絵本、図鑑を用意する。○苗の生長の観察や収穫を体験できるようにする。	○畑に行き野菜の生長を観察する。○畑の野菜を調理し、食べる。○汗をかいたら着替えをする。	○野菜の苗の生長が感じられるように声を掛けたりする。○育てた野菜を調理し、食することを楽しめるような雰囲気づくりをする。○保護者と連携をとりながら、一人一人の健康状態を把握する。	○体調を崩しやすい時期なので感染症に関する情報提供をしたり、健康状態について伝え合うようにする。○保育参観での親子の活動を通して子どもの成長を確認し、喜びを共有できるようにする。○保護者と連携ができるようにする。○保護者対象の講演会で、生活リズムや睡眠の大切さを知らせる。
	情緒	○保育参観を通して親子の触れ合いや友達とのかかわりを楽しめるようにする。○友達に自分の思いや意見を言葉にして伝えられるようにする。	○親子で触れ合ったり、共同作業ができるように環境を整えておく。○発言しやすいような雰囲気をつくる。	○親子で保育参観日を楽しみ、喜んで参加する。○みんなの前で思ったことを発言する。	○親子でスムーズに活動ができるように準備しておく。○子どもの意見や発言を尊重し、受け止める。	
教育	健康	○身体測定や歯科検診、歯みがき教室を通して、自分の体に興味を持つ。○手洗いやうがいの大切さを知る。○手洗いやうがい、歯みがきをし、清潔にする気持ちよさを知る。	○人体模型を準備し、体について関心が持てるようにする。○石けん、タオル、コップ、歯ブラシは衛生的に管理し、子どもが使いやすい場所に置く。	○自分の体について関心を持ち、名称や動きについて知る。○手洗いや歯みがき、うがいの大切さを知り、自分でする。○衣服の着脱や片付けを自分で行う。	○体について関心が持てるように遊びや教材などを工夫する。○身支度は自分でできるような環境を整える。	
	人間関係	○友達とかかわって遊びを工夫しながら楽しむ。○ルールのある遊びを楽しむ。○等身大の自分の体の絵を親子で表現する。	○室内での遊びがひろがるように工夫し準備する。○室内でも友達と一緒に体を動かして遊べるように環境を整えておく。○体を大きく動かしてもらって、等身大の自分を紙に描ける用紙を準備する。	○室内での遊びでルールがある遊びを楽しむ。○勝つ喜び、負ける悔しさを知る。○親子で協力をして、等身大の自分の体の絵を完成させようとする。	○ルールは分かりやすいように提示したり、説明したりする。○自分の意見があみんなの前で言えるように声掛けをし、うまく表現できない場合には一緒に考えるようにする。	
	環境	○梅雨期の身近な自然や動植物に興味・関心を持ち、見たり触れたりして楽しむ。○水、砂、泥の感触を味わい、開放感を味わう。	○水遊びに必要な用具、空き容器、バケツなどを取り出しやすい場所に置く。○梅雨期の自然に興味関心が持てるよう、雨の日に散歩をしたり、絵本や図鑑を用意する。	○梅雨期の自然に触れ、小動物の成長を見たり、世話をしたりする。○砂や泥に触れて、泥だんごや山などをつくって遊ぶ。○泥遊びに挑戦する。	○子どもたちの気付きに共感したり、気付けるような言葉掛けをしていく。○水、砂、泥を使って遊びの楽しさを保育教諭も一緒に味わいながら、体の感触が子どもにとって...○水、砂、泥遊びが苦手な子どもには無理に...	
	言葉	○体の部位の名前を言う。○気付いたことや疑問に思ったことを保育教諭や友達に言葉にして伝え合う。○自画像を用紙に描く。	○体の絵本や等身大人形を準備する。○保育教諭が会話に入り、話題を投げかけたりするなどして話しやすい雰囲気をつくる。	○絵本や等身大人形を見ながら、体の部位の名前を言う。○自分の体の部位の名前を言う。○動きを言葉で表現する。	○体がどのように動くかの意識に分かるように視覚的に提示する。○子どもたちの発見を発見したり、見たり、疑問に思ったことを取り上げ、みんなで話し合う場をつくる。	
	表現	○指示に従って自分の体を模倣して動かして表現する。○夏野菜を手に取り、話し合う場を通して、友達と比べたり共感したりする。○自画像を描く。	○体の動きを手もとで表現できるように針金で作った人形を準備する。○大型の手足の動かしやすい人形を準備する。	○ボールや考えながら針金でつくった人形に粘土を加え、人の動きを立体的に表現する。○体の部位を意識しながら全身の自画像を描く。	○体の部位の大きさや形を、動きに気付けるように声に出して、人の...○身近な素材で遊び込めるような声掛けをしていき、子どもの作品の...	
食育		○食器の配置、スプーン、箸の持ち方、座る姿勢などのマナーを身に付ける。○夏野菜を収穫する喜びを味わう。	○視覚的に分かるように、食事のマナーについての絵本や図鑑を準備する。○夏野菜の生長に興味・関心が持てるように、図鑑や写真を準備する。	○食事のマナーの絵本や図鑑を見ることで、意識をして取り組むようにする。○苦手な野菜も食べてみようとする。○収穫した野菜の食べ方やクッキングメニューについて意見を出し合う。	○食事のマナーが具体的に分かるように視覚的に提示する。○苦手な野菜も親しみを持って食べられるよう、調理法を工夫する。	
健康・安全		○汗をかいたら自ら拭く、着替える。○プールでの約束事を確認する。	○汗をかくことが多く、体を清潔に保つために必要なことを伝える。○水遊びの際の身支度について、カードにて掲示する。	○遊んだあとは必ず水分補給をする習慣が身に付く。○水遊びの際は注意事項を守って遊ぶ。	○夏に向けて、健康に過ごすために必要な食事や休息の大切さを伝える。○危険なことは何かを考え合えるようにする。	

気になる子への対応
Aくん…歯科検診や歯みがき教室では、口を開けることがいやがるかもしれないので、事前に知らせ、友達の様子を見せたりして、安心して参加できるようにする。
Tさん…室内での遊びが増えてくるので、体を動かす活動ができるように工夫する。
Hくん…みんなの前で言葉にすることが苦手なので、友達と比べたり共感したりできる空間で過ごせるように工夫する。

保育教諭の自己評価
体についての様々な遊びを通して、体の名称、位置、動きなど細かい部分まで気付けるようになってきたので、これらの活動の中で、体の部位を意識できるように声掛けをしていくことで、子どもたちはより一層意識して取り組むことができた。わずかな活動の中で、できあがった作品を発表し合う場を通して、友達と比べたり共感し合うことができた。

子どもの評価
体の名称には、細かい部分までよく気が付いて発言する姿が見られた。
グループごとに粘土で立体的に体をつくる際は、子どもは同士で意見を出し合って考える姿が見られた。
活動前の全身運動で活動後の全身像を提示することで安心して参加することができた。

7月　月間指導計画案

20XX年度　4歳児　○○○○ぐみ

園長	主任	担任

行事	保護者支援
○七夕集会 ○プール開き ○夏祭り ○総合防災害避難消火訓練 ○誕生会	○夏の感染症や食中毒について知らせ、予防や早期発見と適切な対応を呼びかける。子どもの健康状態について互いに伝え合う。また、手洗い、うがいなどを心がけてもらう。 ○水、プール遊びについて子どもの健康状態を細かく伝えてもらうようお願いする。 ○水着等やタオル、着替え、汚れてもよい服の用意や補充をお願いする。 ○夏祭りの準備のお手伝いの協力を呼びかける。

これまでの子どもの姿
○戸外に出ては体を動かしたり、虫や草花に興味を持ってかかわることを楽しむ。
○汗の始末、着替えなど身の回りのことを進んで行う。

月のねらい
○衣服の調節や水分補給、水分補給を進んでしようとし、夏の過ごし方を知る。
○積極的に体を動かし、夏ならではの遊びを楽しみ、健康な体づくりをする。
○夏の星座に関心を持つ。
○七夕の製作や集会に意欲を持って取り組む。

領域	ねらい	環境・構成	予想される子どもの活動	配慮事項
養護 生命	○衣服の調節、汗の始末、水分補給に配慮する。 ○積極的に体を動かし、体力づくりをする。 ○避難訓練を実施し、自分の命は自分で守る意識を育てる。	○決められた時間以外でも水分補給ができるよう、お茶を注ぎやすいところに用意しておく。 ○室温や気温など外との差に留意しながら常に換気を行う。 ○園庭の点検を行う。	○のどが乾いた時など、自分から進んで水分補給をする。 ○疲れたら休むなど、自分の体調を調節する。	○熱中症警戒アラートなど、暑さ指数を確認しながら戸外で遊ぶ。 ○日陰に入って休んだり、水分補給をするように声を掛ける。
養護 情緒	○経験したことや思っていることを聞いてもらい、受け止めてもらうことで安心して過ごせるようにする。 ○一人一人とのかかわりを大切にして、関係を深めていけるようにする。	○ゆっくり落ち着いて話が聞けるような環境、雰囲気づくりをする。 ○一人一人と丁寧にかかわれる機会を設ける。	○自分の思いをできるだけ言葉で伝えようとする。 ○保育教諭に愛着を持って、積極的にかかわろうとする。	○子どもの伝えたいことをくみ取り、「どうしたの?」「こういうことだったの」と優しく声を掛け、自信を持って話ができるようにする。 ○会話のやり取りや触れ合いを持ち一人一人とのかかわりを大切にする。
教育 健康	○夏の生活の仕方を知り、健康に過ごす。 ○水、プール遊びに積極的に参加して楽しむ。	○気温、水温を確認し、プールの水を消毒して行う。 ○入水前後の水分補給をしっかり行う。	○水や砂、泥などに触れて遊ぶ。 ○プールでの水遊びを楽しむ。	○汗の始末をしっかり行い、衣服が濡れた場合は着替えをすることを知らせ、声掛けしていく。 ○水、プール遊びの前には準備体操の大切さを知らせる。 ○プールに入る前にはシャワーで体を流させる。友達が仲間に入れるか様子を見る。 ○顔に水がかかるのがいやな子もいるので、無理なく進めていく。
教育 人間関係	○友達と一緒に何かを考えたり工夫したりして活動を楽しむ。 ○生活や遊びの中での約束やきまりを守ろうとする。	○友達と共有して遊べる遊具を用意する。 ○約束やきまりについて話し合う場を設ける。 ○自分の気持ちや互いの意見を言い合えるような場をたくさんつくる。	○物の貸し借りや、友達を仲間に入れてあげることがうまくできるようになる。 ○話し合いの場では約束やきまりの分かりながら様子を見る。	○時間を決めて遊具を使ったり、友達が仲間に入れるかできるように保育教諭が仲介する。 ○友達との活動の中で適切な距離をとりながら仲間に入れる様子を見る。
教育 環境	○七夕集会や誕生会などの行事に喜んで参加する。 ○夏空を見上げ、夏の星座に関心を持つ。	○行事に合わせて季節を感じて雰囲気づくりをする。 ○星(夏の星座)や祭りの雰囲気が広がるような絵本や紙芝居にする。	○興味を持って喜んで参加する。 ○星座についての発見を喜び、伝え合う。	○伝統行事の由来について話し、知らせる。 ○誕生会では誕生月の子のお祝いをみんなでできるようにする。(歌を歌ったりする)
教育 言葉	○したいことやしてほしいことを言葉にして伝える。 ○絵本や紙芝居に興味を持ち、見たり聞いたりすることを楽しむ。	○季節や年齢に合った絵本や紙芝居を用意する。 ○落ち着いて見たり聞いたりできるような環境をつくる。	○絵本に興味を持って集中して見ようとする。 ○絵本に興味を感じたことを発表し合い、互いの思いを知る。	○絵本を読む前に、注目できるように声掛けや手遊びをする。 ○話の内容をより理解できるようにして読む。 ○落ち着いて見られないわけは、見なくとも静かにしているように声掛けする。
教育 表現	○体験したことをイメージし、絵にかいて表現する。 ○友達や保育教諭と一緒に歌を歌うことを楽しむ。 ○夏の星座をイメージして製作を楽しむ。	○子どもたちが楽しんで絵をかけるような環境を用意する。 ○歌を歌う時は、子どもの動きを見ながら保育教諭の顔が見えるようにする。 ○星の図鑑や絵本を用意する。	○体験したことを友達同士で話して、思い出しながら絵をかく。 ○保育教諭の口の動きを見ながら歌を歌う。 ○たくさんある星座に興味を持ち、自分の色で星を塗ったり、イメージした星座を喜んでつくる。	○保育教諭も話に参加しながらイメージが広がるように絵にする。保育教諭も大きく口を開けて一緒に歌う。 ○子どもたちがイメージした物が絵や製作になって表現できるように、一人一人のかかわりや会話を大切にしてアドバイスしていく。

| 食育 | ○配膳の仕方や箸の持ち方、三角食べなどの食事のマナーを身につける。
○食材の名前を知り、味わう。 | ○絵カードを見て配膳の仕方や箸の持ち方が分かるようにする。 | ○意識して正しく配膳したり、三角食べをしようとする。
○食材の味を楽しみ、好き嫌いなく食べる。 | ○箸の持ち方を見て配膳の仕方や箸の持ち方について話をしようとする。
○その日の献立の名前、食材の名前について話をして知らせる(クイズ形式など)。 |
| 健康・安全 | ○非常災害時に安全に避難できるようにする。
○非常時の保育教諭の指示に従うことを覚える。 | ○避難時に安全に避難し、指示に従い、避難するための名簿・誘導ロープなどを常備する。 | ○保育教諭の下に集まり、指示に従い、避難する。 | ○走って押し合いになると危険なので落ち着いて避難するように声を掛ける。
○人数確認を素早く行う。 |

気になる子への対応
Sさん…集中できる時間を把握して、時間の入れ入れ、できない時間にはシャワーで汗を流しながら快適に過ごしたところ、友達と一緒に楽しく製作することができてきた。また、友達とのかかわりの方が乱暴なことがあるので、思いを受け止め、どうかかわっていけばいいのか知らせた。

保育教諭の自己評価
○水、プール遊びは多く取り入れ、思い切り水遊びをすることができていたところ、自己肯定感を持てるようにほめ、自己肯定感を活かしたことで水遊びの楽しさを十分に味わい、さわやかに過ごさせた。
○夏が苦手な子でも水中のよい友達のそばにほぼ取り組めるよう促したように楽しく製作することができてきた。
○夏の夜空に興味・関心を持ったり、不思議さを発見したりできるように計画したが、自身のイメージの…

子どもの評価
○水遊び後の着替えの始末などがはじめのうちは一人でもしっかりできていたが、慣れてくると雑になることがあった。
○要求が伝えたいことを言葉で伝えられるか、目で訴えることができてきた。
○自然事象に関心が高く、図鑑や絵本で見ることが多かった。

8月 月間指導計画案　20XX年度　4歳児　○○○ぐみ

		園長	主任	担任

行事：○身体測定　○避難訓練　○映画鑑賞会　○誕生会

これまでの子どもの姿
- ○水遊びや泥んこ遊びなど夏の遊びを満喫し、遊びがダイナミックになってきた。
- ○お店より保育者を経験し、異年齢児とのかかわりのある遊びが見られる。
- ○畑の観察や散歩を通して、植物や昆虫に興味・関心を持つ。

月のねらい
- ○健康、安全、清潔に留意し、夏期も快適な生活が送れるようにする。
- ○友達や異年齢児とかかわりながら夏ならではの遊びを楽しむ。
- ○夏の自然事象や動植物に親しみ、興味・関心を持つ。

保護者支援
- ○家庭と連携をとり合う中で、生活リズムの大切さを伝えるとともに、夏の疲れが出やすい時期でもあるので体調管理を心掛ける。
- ○映画鑑賞会や地域活動のお知らせを掲示し、参加を呼びかけ地域との交流が持てる場を提供する。

区分		ねらい	環境・構成	予想される子どもの活動	配慮事項
養護	生命	○一人一人の健康状態を把握し、健康に過ごせるようにする。○夏の生活の仕方がわかり、身の回りのことが自分で行えるようにする。	○室内外の温度差に留意し、冷房や扇風機の調節を行い、快適に過ごせるようにする。○水分補給ができるように麦茶を用意し、涼しい環境で休息できるようにする。○外気温が高い時は戸外活動を控える。	○暑さから気分が落ちたりして、体調を崩す子どももいる。○自分から進んで水分補給をしたり、休息をとったりする。	○室内外の温度差に配慮し、一人一人の体調の変化に留意する。○また湿度の高さにも注意する。○汗をかいた時は休息がとれるようにする。また、水分のとりすぎにも注意する。
	情緒	○一人一人の思いを受け止めることで自己発揮できるようにする。○夏の遊びを友達や異年齢児と開放感を味わえるようにする。	○自分の思いが伝えられるようにゆったりとした雰囲気をつくる。○水遊びや感触遊びなど、開放的な遊びができるようにする。○活動量の高い時は静かに過ごしたり、休息がとれるようにする。	○自分の思いを保育教諭に伝えに来る。また、うまく伝えられないで泣く子どももいる。○泥や水が得意でないこともあり少しずつ挑戦しようとする。	○子どもの思いを受容し、自己肯定感を育て、自己発揮できるようにする。○一人一人のペースで遊びが楽しめるように配慮する。
教育	健康	○汗が出たらふいたり、着替えたり、清潔にしようとする。○プール遊びや全身を使って泥んこ遊びを楽しむ。	○衣服の着脱は時間や場所に配慮し、余裕を持って取り組めるようにする。○水温や、危険物のないかの安全確認を行う。○じょうろやホースなど水遊びが楽しめるような道具をそろえておく。	○汗が出たらタオルでふいたり、顔を洗うなど自分の体を清潔にしようとする。○水を使った様々な遊びに積極的に挑戦し、水遊びを全身で楽しむ。	○自分から進んでできるようになった姿を認めたり、援助が必要な子どもには手助けをしながら、習慣付くようにしていく。○プールに入る前の準備になるよう促していく。○水が苦手な子どもも楽しさを味わえるように配慮する。
	人間関係	○遊びのきまりを守ろうとする。○友達や異年齢児と水遊びや泥んこ遊びを楽しむ。	○遊びのルールや約束事を確認する場面を持つ。○異年齢児と一緒に遊ぶ場を持つ。	○ルールのあることに気付き、守って遊ぼうとする。○友達や異年齢児と遊びを出し合いながら遊ぶ。	○水遊びでは、くり返し安全な遊び方やルールを再確認しながら、無理のないよう自分のペースで楽しめるようにしていく。○異年齢児とのかかわりが無理なく持てるように、保育教諭が仲立ちとなり、交流の楽しさを知らせていく。
	環境	○夏の自然事象に興味や関心を持つ。○小動物や植物を見たり触れたりしながら、興味を深めていく。○昆虫など細部まで観察し、科学的な目を育てる。	○絵本や図鑑など季節に合った物を用意し、いつでも子どもが見られるようにしておく。○虫かごや、虫捕り網、虫めがねなどがいつでも使えるようにしておく。	○夕立の様子を見たり、雨音を聞いたり雲の様子を観察したりする。○虫捕りに行き、見たり触れたりして観察や飼育をする。	○自然現象に保育教諭自身が敏感に気付き子どもに知らせていく。○保育教諭も一緒に世話をしたり、図鑑で調べたりしながら、子どもの発見に共感する。
	言葉	○経験したことや楽しかったことなどを保育教諭や友達に伝え、会話を楽しむ。○絵本や図鑑などに親しみ、内容を理解する。	○友達と一緒に歌を歌ったり、自分のことを話したりのことを話したりのことを話せる時間や場所を確保する。	○自分の経験した楽しかったことを話す。○伝言ゲームを楽しむ。○好きな内容の絵本などのくり返し見たり、人の話に耳を傾けられるようになる。	○子どもの思いを十分に聞いて受け止め、楽しく会話ができるようにする。○ゲームを取り入れ、みんなの前で話す経験をしたり、人の話に耳を傾けられるようにする。
	表現	○友達と一緒に歌を歌ったり、リズムに合わせて身体表現を楽しむ。○観察した昆虫などを絵やものづくりで表現して楽しむ。	○伸びのびと身体を動かせるような広い空間を確保する。○素材や用具を目的に合わせて用意し、子どもの要求に応じられるよう、予想される素材を準備しておく。	○季節の歌を歌う。○リズムに合わせて身体表現をしたり、イメージをふくらませて楽しむ。○映画鑑賞会に必要な飾り物を考え、つくったり飾ったりして期待を持つ（うちわ、財布など）。	○子どもの発想を認め、表現する姿や楽しさを味わえるようにする。○子どもの発想やアイデアに共感し、つくっていくことの楽しさが味わえるように配慮する。
食育		○楽しい雰囲気で保育教諭や友達と一緒に食事をする中で食に親しみ、食材に興味を持つ。○栽培や収穫を見守り、食への関心を持ち、食べる楽しさを味わう。	○楽しく食事ができるように、食事の場所を変えたり、涼しい環境で食事ができるようにする。○野菜の世話をすることで、実際に野菜を見たり収穫する機会を持つ。	○献立や食材に興味を持つ。○畑に行き夏野菜を見たり触れたりして収穫を楽しむ。○夏野菜の料理を食べる（苦手な食べ物も食べてみようとする）。	○献立を知らせたり、食材に興味が持てるように配慮する。○栽培、収穫を通して夏の食べ物との関係を知る中で、同じ食べようとする気持ちを持てるようにする。
健康・安全		○夏の生活の仕方を知らせ、健康に過ごせるようにする。○ルールや約束事を守って遊ぶ。	○絵本や紙芝居などで夏の生活の仕方をわかりやすく説明する。○プールや砂場、園庭などの安全面を事前に気を付ける。	○暑さで体調が悪い時は、自らを保育教諭に訴える。○自ら意識してルールを守ろうとする。○休息をとることで体をしっかり休める。	○救急救命講習を受講し、応急手当について学ぶ。○保育教諭間で連携をとり、危険のないように見守り、事故やけがあった時は適切な対応ができるようにする。

気になる子への対応
Aさん…体調を崩しやすいため、体温などの体調の変化に応じた衣服の調整や水遊びなどで開放的になる。衝動的な行動が出ることもあるので、再度かかわり出会えることがある。

Tくん…一人一人に寄り添い、保育教諭の説明を最後まで聞いて理解できるように配慮する。

保育教諭の自己評価
- ○一人一人の発達に応じて夏の遊びを楽しめるようにし、身の回りの始末や身体を清潔にする習慣が身についてきた。
- ○季節や身近な自然の変化に気付くよう、年上の子どもへの憧れはますます増しているようなので、年下の子どもにはどのようにかかわってよいのかがわからずにいる子どももいた。

子どもの評価
- ○夏の遊びを通して、身の回りの始末や身体を清潔にする習慣が身についてきた。
- ○友達同士の始末や身近な自然や関心をさらに育む場所などに配慮する。

月間指導計画案

案 9月 月間指導計画案

園長	主任	担任

9月

20XX年度 4歳児 ○○○ぐみ

行事
- ○夕涼み会
- ○誕生会
- ○身体測定
- ○避難訓練
- ＊毎週火曜日 リトミック
- ＊毎週木曜日 体操教室

これまでの子どもの姿
- ○年長児の遊びから刺激を受け、水遊びや全身を使った遊びを楽しんでいる姿が見られる。
- ○身近な自然に興味を持ち、かかわろうとする姿が見られる。

月のねらい
- ○体を動かすことに興味を持ち、楽しさを実感しながら意欲的に運動に取り組む。
- ○秋の自然に触れながら身近な野菜の種や植物の命をもつ大切なことを知る。

保護者支援
- ○疲れやすい時期なので、規則正しい生活を心掛け睡眠をよくとり、健康状態を把握して体調や変化のある時は連絡をとり合う。
- ○子どもたちが心も体も健やかに成長していることを喜び合う。

		ねらい	環境・構成	予想される子どもの活動	配慮事項
養護	生命	○暑さを感じたら汗の始末や着替えなどを自ら進んで行い、その意味がわかる。 ○運動の時間や休息を適切にとり、快適な生活が送れるようにする。	○休息できるような時間や安全な空間を設け、ゆとりを持って保育計画を立てる。 ○自ら水分補給や着替えをしやすい場所や用具を用意しておく。	○言葉掛けにより自ら水分補給をしたり、汗をかいたりする。 ○自ら衣服の調節や水分補給を楽しようとする。	○水分補給や着替えが適切にできているか、こまめに確認していく。 ○一人一人の健康状態を把握し、適切に対応する。 ○主体的に行動できたことをともに喜ぶ。
	情緒	○友達と励まし合いながら、共に体を動かす楽しみを味わえるようにする。 ○季節の変化に気付き、興味や関心を持てるようにする。	○一人一人が楽しく興味を持って運動遊びができるように、環境を整える。 ○アサガオ、絵画、BGMを秋のイメージに変える。	○友達や保育教諭の励ましで、積極的に運動しようとする。 ○いつもの散歩コースの自然の変化を見つけることを楽しむ。	○消極的な気持ちを受け止め、言葉掛けや援助をしながら、意欲を持って取り組めるように励ます。 ○散歩の時はコースを知らせてから出発するなど、事故対応を予想しておく。
教育	健康	○いろいろな運動を通して十分に体を動かし、体力づくりを楽しむ。 ○自分の体の成長に気付き、大きくなった喜びを味わう。	○遊んだり運動したりする場所を子どもと共に整え、安全に活動できるようにする。 ○身体測定を通して、実際に成長したことを実感できるような準備をする。	○苦手な運動を通して活動に楽しみと期待を持って元気いっぱい運動して遊ぶ。 ○鉄棒、なわとび、ドッジボール、鬼ごっこなどの遊びを積極的に楽しむ。 ○身長や体重などを喜ぶ。	○苦手な運動のある子は個別に指導し、少しでも楽しんで運動できるように配慮する。 ○遊具へのかかわりの危険なものにならないよう、子どもが安全に活動できるための言葉掛けをする。
	人間関係	○生活や遊びの中のルールを通して約束を守ることの大切さを知る。 ○友達と協力することのつながりを知る。 ○命のつながりや身近な人に感謝の気持ちを持つ。	○簡単なルールのある遊びをたくさん準備する。 ○身近な人とのつながりや、感謝の気持ちを持てるように紙芝居や絵本を用意しておく。	○ルールや約束事を守りながら、友達と関わり合って遊ぶことを楽しむ。 ○絵本や紙芝居を通して、気付いたことや感じたことを発言する。	○約束を守ることや友達と協力し合うことの大切さを子どもと一緒に考える機会をつくる。 ○命の大切さや不思議さを感じられるような言葉掛けをする。
	環境	○年長児と共に育てた花や野菜を一緒に収穫し、喜びを感じながら色、形、大きさ、数を数え観察する。 ○夕涼み会に参加する。	○観察しやすい容器や道具を用意しておく。 ○夕涼み会に必要な環境の設定をしておく。	○年長児と一緒に収穫したり観察することを喜ぶ。 ○夕涼み会に楽しんで参加する。	○年長児と協力して栽培する喜びを共に喜べるようにする。 ○夕涼み会では開放的な雰囲気の気持ちになるので、けがのないよう十分に注意する。
	言葉	○思ったことや感じたことを保育教諭や友達に話し合いながら、会話を楽しむ。 ○絵本や図鑑などを見て楽しむ。	○子どもの自由な発想や発言を受け入れ、保育教諭から話しやすい雰囲気づくりをする。 ○興味を持った時に絵本や図鑑をすぐに取り出せるようにしておく。	○自分の思ったことや考えたことを言葉でうまく表現する。 ○自分の見つけた秋の自然物を絵本や図鑑で見て喜ぶ。	○自分の話したことをうまく表現できない子に、寄り添いながら言葉を引き出せるよう援助する。 ○子どもの気付きを大切にしたり、共感し合ってことでの関心を高めていくようかかわっていく。
	表現	○運動遊びや季節の歌を楽しむ。 ○身近な落ち葉、種などを使って製作を楽しむ。	○子どもが保育教諭と一緒に踊りやリズム遊びを楽しめるように曲や歌を準備する。 ○画用紙、クレヨン、のりなどを用意して、自由に製作できるようにする。	○好きな歌や曲に合わせて手拍子をしたり、歌ったりして楽しむ。 ○好きな材料を選んで、思い思いに製作する。	○一人一人が体を動かすことの気持ちよさや楽しさを感じられるようにしていく。 ○想像力が膨らむような言葉掛けをして、スムーズに活動に入れるよう配慮する。
食育		○自分たちで育てた野菜を収穫し、マナーを守って感謝して食べる。 ○野菜くずなどでも、再び堆肥となり次の命を育てることを知る。	○収穫時に必要な用具を準備する。 ○食事のマナーが具体的に分かるようなボードにかいたり、絵カードを貼ったりする。	○自分たちの育てた野菜がどんな料理になるか楽しみに給食を待つ。 ○堆肥にした物の様子を見て、驚いたり喜んだりする。	○堆肥が土に返り、新たな命の栄養となることを知らせる。 ○多くの人のまわりの手とつながる過程で作られた食事を、感謝の気持ちを持っていただけるように言葉掛けをする。
健康・安全		○進んで手洗いうがいをして、病気予防の習慣を身に付ける。 ○避難訓練に参加する。	○日陰をつくったり、水分補給をこまめにとるように準備しておく。 ○緊急時に備え、防災用具の確認をしておく。	○子ども同士、声を掛け合いながら手洗いうがいができる。 ○保育教諭の話をよく聞いて、静かに行動する。	○病気をせずに元気に過ごせるよう手洗いうがいを子どもが進んで行えることが大切であることを伝え、子ども自身から、うがいなどを進んで行えるよう言葉掛けをする。 ○日ごろから災害時の避難方法を職員同士で確認し合い、スムーズに避難できるよう努める。

気になる子への対応

Aくん…運動に対して苦手な気持ちがあるので、さほど見守りつつ励ましの中に取り入れることで、無理なく楽しんで体力の向上を図るように援助する。

Bさん…落ち着きがなく話を最後まで聞かずに思い込みで行動してしまうので、けがや事故に注意して安全に行動するよう話をする。

保育教諭の自己評価

○日ごろから積み重ねてきた運動を遊びの中に取り入れることで、苦手な子も遊びの中でやってみたい気持ちになるよう努めた。児が行おうとし難しい運動にも興味を持って、いろいろな季節の野菜の育ち、いろいろな自然物や収穫に興味や関心を持つことができた。

子どもの評価

○ゲームや運動を楽しみながらルールを守ることの大切さを実感し、体力を身につけながら遊べた。

○子ども同士、お互いのがんばりを認め合ったり応援し合ったりする姿が見られた。

○収穫した種を来年また栽培することを楽しみにしていたようだ。

10月　月間指導計画案

20XX年度　4歳児　○○○ぐみ

園長	主任	担任

行事
○運動会
○身体測定
○ハロウィンパーティー
○誕生会

保護者支援
運動会に向けて、子どもたちの運動量が増えるので、家庭でも規則正しい生活を送り休息・休息をしっかりとってもらう。

これまでの子どもの姿
○みんなで運動の練習に取り組むことによって、クラスのまとまりに興味を持つようになる。
○秋の自然の変化に興味を持つ。
○世界の行事に興味・関心を持つ。

月のねらい
○楽しく運動会に参加して自信を持って取り組む。
○自分のイメージをふくらませて製作活動を楽しむ。

		ねらい	環境・構成	予想される子どもの活動	配慮事項
養護	生命	○手洗い、うがいを行い、健康に過ごせるようにする。 ○日々の観察を行い、水分や給食を必要に応じてとれるようにする。	○手洗い、うがいの仕方について、子どもと一緒にやり方を見直し取り組む。 ○休息の大切さを知り、心身共に高めるようにする。	○手洗い、うがいに自ら進んで行う。 ○運動後は自ら休息や水分補給を行う。	○子ども一人一人の健康状態を把握して無理をさせないようにする。 ○子ども任せにしないで、適宜声を掛けるようにする。
養護	情緒	○友達と遊ぶ中で自分の正直な気持ちを伝え合い、相手の思いも受け止められるようになる。 ○自分の気持ちを保育教諭が受け止めてもらい、安定した気持ちで過ごす。	○子ども同士のやり取りの中で、お互いの正直な気持ちを伝えられるようにする。 ○保育教諭とコミュニケーションをしっかりとる。	○自分の知っていることや経験したことをうれしそうに話そうとする。 ○毎日の積み重ねからできることが増え、自信が少しずつついてくる。	○一人一人の子どもがしっかりと自分の思いを表出できるように言葉掛けをしていく。 ○その時の気持ちの変化に気付き、その時の心情に合わせて言葉掛けをする。
教育	健康	○生活のリズムを整え、規則正しく過ごす。 ○休息をしっかりとることで健康を保つ。	○毎日の過ごし方の大切さを伝え合う。 ○好き嫌いをなくし、無理をしないなど、できることからチャレンジしていく。	○自分の体の仕組みや、体を大切にすることに興味や関心が出てくる。 ○苦手なことにも進んで取り組むことから自信がついてくる。	○子どもが不思議に思ったこと、疑問に思ったことを話し合う機会をつくる。 ○子どものがんばりをしっかりとほめるようにする。
教育	人間関係	○友達と協力することの楽しさを知り、コミュニケーションが活発になる。 ○目標を持ってみんなで取り組むことを楽しむ。	○ルールのある遊びを取り入れ、子ども同士で助け合ったり励ましたりして楽しめるように工夫する。 ○友達同士で苦手なところは励まし合い取り組むことがあることを知る。	○ルールを守りながら協力してつくりあげていく喜びを感じ、何度もしてみようとする。 ○子どもの意見も活発になり、工夫して遊ぼうとする意欲が出てくる。	○子ども一人一人の特性に合わせて、みんなが楽しめるようにする。 ○一人の意見に偏らないよう保育教諭が仲立ちをする。
教育	環境	○異文化の行事に興味を持ち、自分なりに過ごす。 ○秋の自然物に興味や関心を持つ。	○季節にちなんだ絵本や紙芝居を準備する。 ○世界の行事を知り、興味や関心が持てる絵本・図鑑などを準備する。	○カルタ遊びなど、遊びを通してそれぞれの国旗や食べ物など、身近な物に興味や関心を持つ。 ○ハロウィンパーティーを楽しみ、異文化を体験する。	○異国の文化を知ることで、日本の文化についても興味や関心を持てるようにしていく。 ○おもしろい、楽しいという感情をたくさん引き出せるようにする。
教育	言葉	○自分の思いや考えを言葉にして伝えようとする。 ○前向きな言葉で話し合う。	○子どもが安心して話せるような言葉掛けを行う。 ○よい表現が出てきた時にはみんなで共有するようにする。 ○日本語、英語など、違う言葉を知る。	○友達同士で話し合いたことを話し合う。 ○友達のよいところに気付き、認め合う。 ○覚えた外国語を使おうとする。	○自分の思いや考えがうまく表現できない時は、保育教諭が仲立ちをしていく。 ○外国の絵本などに触れ、いろいろな言葉に出合えるようにする。
教育	表現	○友達と一緒に行事に取り組み、つくりあげた成果を見てもらう。 ○自分が感じたことを、相手に伝わるように伝えられる。	○友達同士で話し合いながら行事に取り組めるように言葉掛けをする。 ○自分のイメージを持って、自信を持って発表しようとすることを知る。 ○保育教諭の励ましを聞いて、自信を持って発表しようとする物をつくって楽しむ。	○運動会では保護者や周囲の人の励ましに応じ、精一杯の力を出しきろうとする。 ○自分のイメージした物をつくって楽しむ。	○様々な用具や材料を用意し、子どもたちが好きなように製作に取り組めるようにする。 ○夢中になっている時は、気のすむまでできるだけ時間をとるようにする。
食育		○旬の食べ物の名前や種類を教えてもらう。 ○よくかんで食べることが健康によいことを知る。	○興味を持った作物がどのように育てられるかの話を聞いたり、図鑑などで調べたりする。 ○よくかんで素材の味をあじわって食べるようにする。	○保育教諭の話を真剣に受け止め、子どもたちなりに向合おうとする。 ○自分の体を大切にしようとする気持ちを持って食べる。	○おいしく食べること、感謝して食べることの大切さを子どもたちに伝える。 ○つくってもらっていることへの感謝の気持ちを持てるようにする。
健康・安全		○遊具や用具の安全な使い方を知る。 ○運動や遊びで疲れた時は、自分で休息をとる。	○遊具や用具の点検を行い、安全に留意する。 ○子どもの様子を家庭にも伝え、健康に留意する。	○遊具や用具を大切に扱い、みんなで楽しむ。 ○自分の体の状態に応じて、ゆっくり体を休めることができる。	○危ないと思った物や壊れている物を見つけた時は、保育教諭に知らせようと約束する。 ○保護者との連携を密にする。

気になる子への対応
Rさん…明日もむつで登園するなど、家庭での生活面での不安が見受けられる。運動会の練習を通して深まってしまったように感じる。精神的に問題を抱えているのが心配である。苦手な部分を責めるのではなく、身体的な発達部分が心配である。ハロウィンはスーパーヒーローの節の付けなどで見守り付けているように感じる。
Sさん…言葉が出づらく、怒ると手が出る時もある。ここから、世界への興味が持てるように指導していきたい。

保育教諭の自己評価	友達同士で協力しながら運動会の練習に取り組む姿が見られた。運動会を通して、がんばればできるようになるという目標につながっていると感じる。
子どもの評価	友達の話すスピードに合わせて聞こうとする姿勢が少しずつ出てきた。運動会を通して、友達と話し合い対処していけるようになってきた。

11月　月間指導計画案

20XX年度　4歳児　○○○ぐみ

園長	主任	担任

行事　○園庭開放　○体操教室　○内科健診　○交通安全教室　○絵本貸し出し　○身体測定　○避難訓練　○作品展　○食育の日　○誕生会　○給食試食会　○お話会　○リズム運動

これまでの子どもの姿
- 生活範囲が広がり活動も活発になってきたが、中には危険な遊びをする子も出てくる。
- 友達への関心の芽生えはあるが、偶発的な結びつきや遊んだりトラブルになったりする。
- 園での生活の中で友達とかかわりながら遊ぶ楽しさを味わい、お互いの気持ちに触れることを楽しむ。

月のねらい
- いろいろな材料や表現方法に触れ、自分のイメージを表現する楽しさを感じる。

		ねらい	環境・構成	予想される子どもの活動	配慮事項
養護	生命	○朝夕の気温の変化に気付き、適した衣服を選ぶ。○避難訓練に参加し、危険から身を守るすべを知る。	○戸外活動では子どもの様子に注意し、戸外から戻ったらすぐに手洗い、うがいができるよう準備しておく。○様々な想定をし、それに伴う避難経路を確認し、安全に避難できるようにする。	○気持ちよい天候の下、元気に戸外に遊ぶ。戸外から戻ったらすぐ、手洗い、うがいをする。保育教諭に促されながらも、自分で着替える。○避難の際にはふざけず集まり、保育教諭の話に集中する。	○子どもの様子に注意し、休息をとったり、水分補給を十分に行ったりする。○非常事態の起こった場合に、自らの命を守るために大人の指示に従うことを重ねて伝える。
	情緒	○一人一人が気持ちや考えを安心して表現できるよう受け止める。○決まり事を守り、様々な活動や集団での遊びを楽しめるようにする。	○安心して自分の気持ちを出せるようにする。○予想される危険個所や行動を子どもたちと事前に話し合う。	○日々の活動や行事に参加した気持ちや思いを保育教諭に伝える。	○子どもの気持ちを常に温かく受け止める。○子どもたちに問いかけながら、発言に耳を傾けたりしながら、それぞれの行事の約束事を丁寧に確認する。
教育	健康	○心地よく過ごすためのルールが分かり、自分から取り組む。○背筋を伸ばして生活することを意識する。○体操教室を通し、体を十分に動かして遊ぶ心地よさを味わう。	○散歩などを通して公共のマナーや安全のための約束事について具体的に伝え、自ら望ましい行動がとれるようにしていく。○体操教室に参加し、挨拶や細かい動作が姿勢よく行えるよう保育教諭自ら手本を示す。	○散歩を通して公共のマナーを守りながら、手をあげて横断歩道を渡る。○姿勢よく挨拶をする。手をしっかり伸ばしてほしいと意欲をみせる。○体操教室に参加し、リズム運動にも挑戦する。	○階段では手をつかむ手すりの注意を伝える。危険に答えさせないよう、自分で気を付けられるよう伝える。○姿勢をよくするために必要な一定の協力が増えるように楽しんで体操教室に参加し、姿勢よく行うことの気持ちよさを知らせる。また、しっかりできている姿には声を掛けていく。
	人間関係	○遊びを通して友達同士でルールを決めたり、順番を守ったりする。○友達とのかかわりを深めながら、自分の思いを言葉で表現する。	○遊び場所や場面で、それに伴う約束事を知らせ、子どもの自ら協力できるよう図を準備する。○クラス全体で遊びに富んで親しむ。	○なかよく声を掛け合い、できたことの喜びを友達と共有する。○苦手な遊びや運動もあきらめず少しずつ挑戦してみようとする。	○トラブルになった時はお互いの気持ちを聞き、相手の気持ちに気付けるようにする。○苦手なことがある子の気持ちを受け止め、興味を持ってチャレンジできるようにする。
	環境	○身近な秋の自然に関心を持ち、親しむ。○物を集めたり、数えたり、分けたり、整理したりする。○秋の自然に触れ、そこに関心を持つ。	○同数、多い、少ないなど、遊びながら数を意識する。○園庭で集めた落ち葉や木の実を遊びの中で使いやすいように図鑑にしておく。○秋の自然の特徴が分かる絵本や図鑑を準備する。	○落ち葉や木の実などを遊びの中に取り入れ楽しむ。○集めた落ち葉や木の実を、色や大きさなど自分なりの分け方で分類したり、数えたりする。	○木の葉の色や日差しの温かさ、風の冷たさなど子どもの気付きに共感する。○遊びの中で自分なりのイメージを持って遊んでいる姿を受け止め、イメージを広げられるよう声掛けをする。
	言葉	○挨拶の大切さを学ぶ。○友達の話を聞いたり、自分の気持ちや考えを伝えたりしながら取り組む楽しさを味わう。	○友達への挨拶、目上の人への挨拶など、日々の挨拶について考える。○作品展に向けた製作の中で、友達同士で話し合える雰囲気をつくる。	○元気に「おはようございます」、「さようなら」、「ありがとうございました」と挨拶をする。○体操教室では「お願いします」と元気に挨拶する。	○最初と最後の挨拶をきちんと言えるよう、物事が始まりまで終わるように促す。その間は集中して取り組むよう促す。○自分の感じたことや思いを話したり、相手の話を聞いたりできるよう促し、相手とのふれあった時の嬉しさや言葉の補足を行う。
	表現	○いろいろな素材を使い、イメージを広げて表現する。○作品展で展示する色を考える。	○製作の材料はあらかじめ日をつけ、つくり方や片づけ方が分かりやすいように整理しておく。	○いろいろな素材を工夫し、独自の作品づくりを楽しむ。○拾った落ち葉の様々な色を、感じ合って楽しむ。	○一人一人の発想や表現を受け止め、自由に表現する喜びを味わえるよう配慮する。製作の時には自分の好きな色や形にも気付いていくよう援助する。色や形など、様々な違いに気付き、喜びや違いをみとめつつ共感していく。
食育		○調理員と一緒に食べる。○給食試食会で保護者と一緒に時間、食事量やマナーを確認する。○姿勢を正しく食器を持つ。	○調理員がどこに座るのか、子どもたちと話し合う。○保護者に4歳児の規定食事量を知らせる。○姿勢の大切さを知らせる。	○いろいろな話をしながら食べる。○保護者と一緒に食べることを喜び、集中して食事を食べる。	○給食をつくってくれている人に調理員直に知らせて、いつもおいしいお給食を食べていることを感謝する気持ちが持てるよう声掛けをする。○家での食事時間の習慣、好き嫌いの違いや保護者と確認し、家でも同じようにできるよう声掛けする。
健康・安全		○近隣の自動車教習場で行う交通安全教室に参加する。○内科健診を受け、自分の体について知る。	○歩行者用の標識、目上の人への製作や標示などに気付く。○体の仕組みが具体的に分かるように、紙芝居や絵本を準備する。	○自動車の自動教習場で交差点の場の渡り方や信号などについて、楽しみながら覚える。○内科健診ではいつもと違う雰囲気に興味深々になるが、園医の質問には素直に答える。	○自動車教習場までの行程を利用し、交差点の方や帰りの渡りの方や歩道を復習しながら往復する。○内科健診の結果を保護者に伝え、受診が必要な場合は、日程も確認しながら伝えていく。

気になる子への対応	Bくん…保護者の理解が得られるまで、発達経過がよく分かるよう記録を充実させる。また、家庭での対応なども密にし、園での対応なども参考にしてもらえるようにしていく。		
保育教諭の自己評価	○11月の行事を楽しみながら、気付けの体験やがんばって挑戦することの楽しさを伝えることができた。体操教室のドキュメンテーションを行うことで保護者が分かりやすいと評価していただいた。作品展に向かい、クラス全員で取り組むことができた。好きな表現などの違いがみられたので、その場で思いを共有しながら製作することができた。	**子どもの評価**	○いろいろな行事を通して、子ども同士で、子どもに同士で挑戦することの楽しさを発展することができたが、その場でトラブルにも発展することも多くあった。互いの気持ちを考えようとする姿が見られた。

12月　月間指導計画案

20XX年度　4歳児　○○○ぐみ　　園長　主任　担任

行事	○発表会　○体操教室　○避難訓練　○リズム遊び　○絵本の読み聞かせ　○もちつき会　○誕生会

これまでの子どもの姿
- 発表会に向けての音遊びを通して、友達とのかかわりが深まってきた。
- 薄着の習慣を付けたり、手洗い、うがいをこまめに行い、健康管理に気を付けて過ごした。

月のねらい
- 冬の自然に触れ、興味・関心を持つ。
- 友達と一緒に行事に取り組み、楽しさを共有し一体感を味わう。

		ねらい	環境・構成	予想される子どもの活動	配慮事項
養護	生命	○手洗い、うがいの意味を知り、進んで行う。健康に過ごせるようにする。 ○流行性感冒についての話を聞き、健康、健康に関心を持ってくるようにする。	○子ども一人一人の健康状態を把握しておき、早く気付けるように職員間の連携を図る。 ○健康に関する絵本や紙芝居を準備する。	○戸外活動のあとには必ず手洗い、うがいをし、手をきれいに洗い清潔にする。 ○お話や絵本などを通して、病気の怖さや健康との大切さを知り、気を付けるようになる。	○家庭と連携をとり、子どもの健康状態を把握しておく。 ○気温の変化に応じて衣服を調節できるように声を掛ける。 ○子どもたちが健康に関心を持ち、手洗い、うがいの意識を高めるような言葉を掛けていく。
	情緒	○発表会への取り組みでは、太鼓の取り組みや伸び伸びと表現できるようにする。 ○安心できる環境の中で、主体的に活動しようとする。	○演奏しやすい曲を準備し、伸び伸びと表現できるようにする。 ○集団で取り組むことで自信をつける。	○音遊びに興味・関心を持ち、友達や保護者と一緒に演奏することに一体感を感じる。 ○自分の意見を言えない子や、自己主張が強い子がいる。	○表現活動を進んで楽しめるように気持ちを盛り上げていく。 ○自信のない子には、心配しなくても大丈夫だと伝え、無理なく少しずつできたことを認め、自信につなげたり。 ○自己主張の強い子には相手の気持ちに気付けるような言葉掛けをする。
教育	健康	○戸外に出て、全身を動かして遊ぶ。 ○鉄棒や竹馬に興味を持って取り組む。	○寒い日も戸外に出て活動的に遊べるように、ボールなどを準備しておく。 ○補助足のない竹馬を、補助足の付いた馬を準備し一緒に組む。	○寒くてじっとしている子もいるが、友達や保育教諭の言葉掛けにより寒さを忘れてボール遊びなどの体を動かす遊びをして楽しむ。 ○竹馬はバランスを取るのが難しく、すぐあきらめ消極的に取り組む。	○寒くてじっとしている子にも体を動かす楽しさを味わえるように、活動的に遊べるように声を掛ける。 ○少しできたら、しっかり認めて自信につなげていく。
	人間関係	○発表会に向けて、友達と一緒に取り組むことの楽しさを知り、一体感を味わう。 ○地域の人たちと一緒に楽しさを体験し、日本の伝統的な行事を知る。	○子どもたちが意欲的に取り組む竹馬を準備する。 ○地域の人たちと楽しく交流することのできるように、会の流れや位置を工夫する。	○想像をふくらませて伸び伸びと表現する子や、恥ずかしがってなかなか表現できない子がいる。 ○地域の方たちとの交流を楽しみながら、自分たちで丸めたりして、でこぼこした節もある。	○発表や行事の活動の中で、一人一人が生き生きと一体感が生まれるような活動の組み立てをする。 ○一緒にもちつき体験することで自分も社会の一員であるという気付き、地域の人に親しみを持つ。
	環境	○冬の自然に触れて親しみを持って遊ぶ。 ○やりたい遊びを、いろいろな用具を使って具体的にしていく。	○水を戸外に一晩水を凍らせるなど環境を準備する。 ○好きな遊びをじっくりできるように、必要な物を話し合い一緒に準備する。	○水から氷ができることに気付く。 ○さわると冷たいことや見たり、いろいろと試したり友達を誘って遊んだりする。	○氷の不思議を一緒に考え、いろいろなることを試してみようと思うように、次へつながる言葉掛けをする。 ○遊びを見つけることができない子には、興味を持てるような言葉掛けや、やりたいことが自分で探せるように配慮する。
	言葉	○好きな絵本やお話をくり返し読んだり聞いたりしてイメージをふくらませて楽しむ。 ○好きなお話のせりふなどを言うなどの取り組みを楽しみながら、物語を楽しむ。	○様々な種類の絵本や童話を準備して、自由に選んでゆっくり読むことができるスペースをつくる。 ○自分のやりたい役を演じることができるように、保育教諭はみんなと話し合って役を決める。	○文字に興味を持ち、気に入った絵本を見つけて分かる文字を声に出して読んだり、わからない文字は聞いたりする。 ○同じ絵本を何人かが希望し、話し合いをして決まるところもといえば納得のいかない子もいる。	○子どもの興味や活動の中で、一人一人が生き生きと一体感が生まれるように、絵本棚に用意する。 ○お話の登場人物について、みんなと話し合い、どの役もなくてはならない大切な役であることがわかりやすく話す。
	表現	○生活の中で様々な音があることを知り、その違いに興味を持つ。 ○いろいろな遊びを聞き、想像や音を使って強弱で表現して楽しむ。	○室内や戸外、様々な場所で生活の音を聞き、興味を持つ。 ○太鼓などの打楽器を準備する。	○生活の中から見つけた音を、体を動かしたり、太鼓をたたいて音で表現する。 ○太鼓をたたく強さによって音の大きさが違うことに気付く。 ○初めての楽器にとまどうこともいるが、説明を聞くことで楽器に興味を持ち、意欲的に取り組もうとする。	○体に対して楽器が大きすぎる子がいるので、座り方やいすの高さなどに配慮する。 ○伸び伸びと表現ができるようにウォーミングアップをして、リラックスした状態をつくるように配慮する。
食育		○もちつきを通して日本の行事の意味を知り、みんなで食べることの楽しさを味わう。 ○もちのつくり方を知り、興味・関心を持つ。	○きねとうすを準備し、地域の方々に呼びかけて取り組めるように広いスペースを準備する。 ○もちがつく様子に興味・関心を持てるようにする。	○もちをいくらつまったり、丸めたり、その食感を楽しんだりしながら、みんなで食べることの楽しさを知る。 ○もちの不思議について子どもが考え、保育教諭に質問したり、みんなと話し合ったりすることで新たな発見がある。	○お正月にもち食べるなど、日本のしきたりに興味を持ったり、もちの不思議についてどもたちが考え、興味や関心が持てるような言葉掛けをする。
健康・安全		○交通安全について、みんなで話し合う。交通ルールを学ぶ。 ○道路を渡る時は衣服の調節をして、健康に過ごす。 ○寒い日は衣服の調節をして過ごす習慣を付ける。	○道路の歩き方や交通ルールを理解できるように、交通安全訓練をする。 ○衣服の調節ができるように、ロッカーに衣服を多めに準備してもらうよう保護者へ伝える。	○横断歩道の渡り方を実際にやってみる。 ○「右見て、左見て」を口に出して言いながら渡る。 ○寒い日は何枚も衣服を着て重ね着し、保育教諭の呼びかけで、衣服の調節をする。	○子どもがわかりやすいように、リズムよく声を掛けしながら、歩道の渡り方を知らせる。 ○交通事故の怖さをしっかりと伝え、自ら気を付けられるようにする。 ○薄着の習慣を高めるように、保護者やまわりの子どもたちへの声掛けをする。

保護者支援
○健康に過ごせるように、手洗い、うがいを家庭でも行ってもらえるよう依頼をする。衣服の着脱が着になるように、衣服の調節を高めるように依頼する。
○発表会では、音遊びの意味やテーマなどを記して子どもたちの活動してきた様子を示す説明をする。

気になる子への対応	Mくん…場面の切り替えが難しく、不安定になり落ち着かない。みんなと一緒に行動することができない。静かに落ち着ける場所で心を合わせて発表することで、前もって変化する変化を味わってほしい。 Kくん…思っていることを友達に言葉で伝えることができず、困った時に顔をかくす。静かな場所で保育教諭が1対1で話を聞く場所で子どもたちが自発的に関わる。	子どもの評価	○冬の自然に興味・関心を持ち、じっくり観察する姿が見られた。 ○発表会への取り組みを意欲的に、表現豊かに活動することができ自信がついてきた。 ○自己主張を強く出すこともあったが、相手の気持ちにも気付けるようになってきた。
保育教諭の自己評価	音遊びでは、音を探して子れを伸び伸びと表現することで、子どもたちの落ち着いて行動することができない。また、達成することで自信がつき、喜びを感じることができたので、静かな場所で取り組むことで自発的に。いろいろなことに興味を持てるような活動を計画していきたい。		

1月　月間指導計画案

20XX年度　4歳児　○○○○ぐみ

園長	主任	担任

行事　○誕生会　○身体測定　○避難訓練　○雪中運動会　○雪遊び遠足

これまでの子どもの姿
○冬の自然に興味や関心を持ち、雪や氷を見たり触れたりしている。
○運動遊びに積極的に取り組んでいる。

月のねらい
○冬の健康、安全に留意し、元気に過ごせるようにする。
○寒さに負けず戸外で雪遊びを楽しんだり、室内遊び（正月遊び）を工夫したりする。
○運動遊びに積極的に取り組む。

保護者支援
○年末年始の休みの間の不規則な生活リズムから、正しいリズムへと整えていけるよう協力してもらう。
○かぜやインフルエンザなど様々な感染症が流行する時期なので、情報を知らせるとともに毎日の子どもたちの体調に留意して、その様子について伝え合う。

	ねらい	環境・構成	予想される子どもの活動	配慮事項
養護　生命	○室内と戸外の温度差を考慮し、健康で安全に過ごせるようにする。○冬の欲求を満たし、発達状態に合わせて生活リズムを整える。	○温度計・加湿器を置き、こまめに換気し、室温調節をする。○家庭と情報をこまめに交換しながら、子どもの欲求を満たせるようゆったりとした雰囲気をつくる。	○寒さや活動に応じて衣服を調節する。○生活リズムを整えて、感染症にかからないようにする。	○インフルエンザや感染症の流行のため、一人一人の体調を把握し、早期発見と適切な対応で健康に過ごせるようにする。○活動によって汗をかいていることもあるので、衣服を自ら調節できるよう声を掛けていく。
養護　情緒	○子どもの成長を認めて、子どもが自己を発揮しながら満足的に過ごすことができるようにする。○保育教諭に自己充足感を得られるかかわりの中で、自分を表現できるよう一人一人の思いを受け止める。	○運動発表会へ向けて、ボックス遊びや大なわとび遊びをする機会を増やし、意欲的に取り組む姿をとらえてかかわれるように準備する。○運動遊びに苦手意識のある子でも楽しい雰囲気の中で取り組める準備などを準備しておく。	○運動発表会へ向けて、体を動かすことを楽しみ、意欲的に活す。○運動遊びに苦手意識を持ちながらも、少しずつ挑戦する。	○休み明けなど不安にして過ごせるように援助する。○見守られている安心感を認めてもらえる満足感を意欲的に生活できるよう一人一人に丁寧にかかわっていく。
教育　健康	○室内外の温度差を考慮し、環境を整えながら、健康的に過ごせるようにする。○戸外で思いきり雪遊びを楽しむ。	○健康に関する絵本や紙芝居を用意し、病気の予防について話し合うような機会を多くする。○天気のよい日は、戸外で遊べる機会を多くする。○体調の確認をする。	○防寒具の準備をし、寒さに負けず戸外で元気に遊ぶ。○手洗い、うがいや鼻水の始末を進んでする。	○寒くても体を十分に動かすことで温かくなる心地よさを感じられるよう、保育教諭も一緒に遊びに参加し、伝えていく。○危険な遊びになっていないか十分気を付けて見ていき、どうして危険なのか丁寧に知らせていく。
教育　人間関係	○正月遊びや伝承遊びを通して、ルールを守ったり、友達同士が互いに認め合い、思いやる気持ちを持ったりする。○当番活動に取り組む。○いろいろな異年齢児とのかかわりを深める。	○カルタ、すごろく、お手玉など取り出しやすい場所に用意しておく。○すごろくやこまづくりが億劫な保育教諭が提案するが子どもたちと工夫してつくれるよう材料などを準備しておく。	○友達や異年齢児と一緒に正月遊びや伝承遊びを楽しんだりして遊ぶ。○みんなで決めたルールを理解し、守る。	○グループで遊ぶ楽しさや、異年齢で遊ぶおもしろさを体験できるよう、場面によってかかわっていくようにする。○ルールを守ることで楽しめることを知らせ、勝ち負けのおもしろさを伝えていく。
教育　環境	○冬の自然に触れながら、雪や氷を知り、じょうぶな体づくりの大切さに関心を持つ。○正月遊びに興味や関心を持つ。○正月の風習を知る。	○氷づくりなど置く場所や日々の気温差などでこごとの違いがあるので、「不思議だ！」と思えるような遊びを体験できるように用意しておく。○雪遊びができるよう、ソリやシャベルなどを準備する。	○いろいろな容器で水などをつくる、毎日観察して変化を知る。○雪に触れているいろいろな遊びを楽しむ（雪合戦、かまくらづくり、雪だるまづくりなど）。	○遊びを広げていけるよう、子どもの気付きや発見を大切にし、共感していく。
教育　言葉	○経験したことを相手にわかるように話したり、友達の話を聞いたりする。○言葉遊びを通して、言葉のおもしろさに興味を持つ。	○保育教諭が友達の前で自分の体験や気持ちを話す機会をつくり、言葉遊びを取り入れる。○待ち時間など短い時間でできる言葉遊びをしていく。	○正月休みのできごとを話す。○しりとり、伝言ゲーム、クイズなどの言葉遊びを楽しむ。	○話したい気持ちをちゃんと前で話そうとする姿を受け止めながら、話す楽しさや、聞いて伝わり伝わるうれしさを味わえるようにする。○言葉の持つリズムを楽しんだり、語彙が増えていくような保育教諭の考えるヒントを考えたり、一緒に楽しんだりする。
教育　表現	○様々な素材を使って、友達とこまをつくって遊ぶ。○曲に合わせて歌ったり、楽器を演奏したりする。○たこやこまなどをつくる、遊ぶ物を工夫してつくる。	○こまのつくり方を紹介したり、様々な素材、用具を選びやすいように用意しておく。	○作ったこまで遊ぶことを楽しみにしながら、自分なりにイメージを持って製作する。	○工夫してつくる姿のおもしろさや、一人一人の興味や発想を大切にする。○音で表現するおもしろさを友達と演奏することの楽しさを味わえるようにする。
食育	○伝統的な冬の食べ物に触れる。○食材を自分で食事をつくってくれる人への感謝の気持ちを持ち、味わって食べる。	○七草や鏡開きの由来が分かるような紙芝居などの教材を用意する。○毎日の献立を欠かさず掲示していく。	○七草の種類に興味を持ち、質問したりする。○給食の並ぶのを見て、食材を言い当てたりする。	○子どもの発見に共感し、興味・関心が持てるように促す。伝統的な冬の食べ物を喜んで食べることができるようにする。○様々な食材を日々知らせて、好き嫌いなく食べられるような味の関係を知らせていく。
健康・安全	○冬でも早く避難することができる。○冬の散歩の仕方を知って、冬の間の危険な場所や行動を理解する。	○園庭の避難経路の除雪をしっかり行い、素早く避難できるようにする。○危険を示す赤が、場面を再現して伝えたり、注意を促すようにする。	○雪の積もった通路を避難難して歩くことに慣れる。○つららに興味を示すが、危険を理解し屋根に近づかないようにする。	○冬の道路は人も車も滑りやすいということを理解し、歩道での雪山にあがらないなどに十分に気を付けられるよう知らせる。○屋根のそばは落雪の危険があるため、近づかないことを知らせる。

気になる子への対応
Y…と会話をすること、言葉を声に出すことが苦手である。興味のある話題であると言葉のやり取りができるようにしていく。また、じゃれつきやくすぐりっこなど大きな笑い声が出せるような楽しい遊びが引き出せるような経験ができるようにする。

保育教諭の自己評価
○積極的に運動遊びを楽しむ子が多く、できないことができるようになる喜びを共感できたと思う。
○すごろく遊びでは、ルールの理解や友達とのかかわりを深めることができたが、サイコロの目の数の多い少ないは理解する子がいたことが感じとれた。

子どもの評価
○すごろく遊びでは、くり返し遊ぶ中でルールを理解し、自由遊びの中でも楽しく遊ぶ姿が見られた。遊びを自分たちで考えて工夫する場面もあった。

2月　月間指導計画案

20XX年度　4歳児　○○○ぐみ

園長	主任	担任

行事
- ○豆まき会
- ○マラソン大会
- ○身体測定
- ○園外保育
- ○自然科学遊び
- ○卒園記念写真撮影
- ○避難訓練
- ○作品展
- ○誕生会

保護者支援
- ○マラソン大会ではどのように練習をがんばっていたか、また本番ではどんな様子だったのかを伝える。
- ○作品展では完成した物を見てもらうだけでなく、取り組んでいる様子も知ってもらえるよう細かく伝えていく。

これまでの子どもの姿
- ○マラソン大会では練習で頑張ってきたことを思い出しながら、成果を十分に発揮する。
- ○作品展ではみんなでイメージをふくらませながら意欲的に取り組む。

月のねらい
- ○作品展に向けて、みんなで力を合わせて楽しく作品づくりに興味を持つ。
- ○冬の自然環境表現に興味を持つ。

		ねらい	環境・構成	予想される子どもの活動	配慮事項
養護	生命	○手洗い、うがいを徹底して行い、かぜの予防をする。○寒い時期でも汗をかくことを知らせ、進んで水分補給をするようにする。	○消毒液はこまめに取り替え、清潔に保つ。○いつでも自分でお茶を飲めるよう、決められた場所にお茶を置く。	○清潔の意識を持ち、冷たい水でも十分に手洗いをする。○汗をかいた時は自分だけではないことに気付き、進んでお茶を飲む。	○はやっている病気や症状などを説明し、かぜ予防への関心を高め自分でしっかり体調管理ができるようにしていく。○寒くても水分は汗をかいているということを知らせる。
養護	情緒	○マラソン大会を通して、最後まで走りきる達成感を味わい、練習することの大切さを知らせる。○進級に向けて期待を高め、何事にも意欲的に取り組めるようにする。	○転んだりけがをした時のために消毒液や絆創膏を持ち歩き、対応できるようにしておく。○進級に向けて、次の学年の期間で自分たちに何ができるかを考える時間をつくる。	○疲れても無理せず走ろうとせず最後まで走ろうとする。○進級に向けての話をすると、何事にもがんばろうとする。	○疲れても歩くのではなくゆっくりでも走ることや、競技として一生懸命走ることなく、練習を思い出しながら自分のペースで走れるように声を掛ける。○進級に向けての期待は高めていくが、そのことにより約束事が守れなくなったりしないようにする。
教育	健康	○衣類の調節は自分の意思で行う。○寒さに負けず元気に活動する中で、素早く次の行動に移れるようにする。	○着替え袋の管理を自分たちで行えるよう、こまめに声掛けをする。○室内にいる時は暖房をつけ、換気や加湿を十分に行うよう素早く行動できるように準備する。	○暑さ寒さに気付くと同時に、周りの友達の様子を見ながらでも自分の衣服の調節ができるようになる。○寒くて動きたくない時でも、友達やクラス全体のことを考え、素早く行動できるようになる。	○衣服の調節を行うことの意味と大切さを理解できるように伝えていく。○ふだんから寒さに負けないよう戸外に出て、たくさん体を動かし、遊ぶようにする。
教育	人間関係	○作品展に向けてみんなで協力して一つの物をつくりあげていく。○作品展では自分たちでアイデアを出し合い、協力して年少クラスの友達に教えていく。	○作品展の製作に必要な材料や道具を確認しておく。○話し合いがしやすいようにグループ分け、年少クラスの友達に作品のつくり方を教えるようにする。	○みんなで協力し、友達と協力してつくる楽しさを知る。○決まったアイデアを出し合ったり、年少クラスの友達に教えようとする。	○みんなで取り組んでいるという意識を持たせ、一人一人が役割を持って活動するようにする。○一人一人が理解してから取り組むようにする。どのように教えてあげたらよいかの助言をする。
教育	環境	○玩具など、みんなの使う物も大切に扱う。○冬の自然現象に興味を持ち、様々な氷をつくる。	○玩具は定期的に消毒を行い、清潔に保つ。○自然の氷を見つけるために散歩に出かけて、氷に必要な用具を準備する。	○自分の物も、みんなの物も大切に扱う意識が育つ。○氷づくりを通して、なぜ水が凍るのかなどの不思議に気付く。	○自分の物、みんなの物を区別するのではなく、どんな物でも大切に思い扱えるように声を掛ける。○冷凍庫の中の氷を見せながらなど気温の変化に気付かせる。
教育	言葉	○友達を注意する時、きつい言い方にならないよう気を付ける。○状況に応じて自分の言葉でうまく説明できるようにする。	○どんな言い方をされた時にいやな気持ちになるか、みんなで考える時間をつくる。○落ち着いて話ができるような場所に変える。	○友達に注意し合う時、お互いの気持ちを考えて言葉の使い方に気を配る。○相手にわかるように考えて大きな声で、話の内容をつなげたり、話しやすくする。	○話を聞いてもらえるすいやな気持ちになってしまったことなどを伝え、そのことでこじれないようにするか、話す。○こちらから質問をして、話しやすくする。
教育	表現	○節分や冬の歌をたくさん歌い、歌詞や行事の意味を理解する。○製作や体験画などを行うにに行う。○分の思いをうまく表現していく。	○豆まき会などの行事に子どもたちが参加するだけにならないよう、事前に説明会を行う。○余裕を持って作業ができるよう机を多めに出しておく。	○なぜ鬼退治をするのかを理解し、豆まきの仕方を工夫する。○友達とアイデアを出し合いながらも、独自の作品に仕上げていく。	○なぜ鬼退治をするのか声を掛け、豆まきをする上で気を付けなければならないことを話しておく。○自分のアイデアに自信を持って言葉に出して製作するように工夫する。
食育		○給食の用意は、配膳の妨げにならないよう静かに待つ。○食事中のおしゃべりに夢中で今はどんの時間であるかを考えるようにする。○食べ終わる予定の時間が分かるような計画を準備する。	○邪魔されずに落ち着いて食べられるように配膳を待つ。○食べ終わったあとの食器は倒れないように、すぐに給食室に持って行く。○食べ終わる予定の時間内で食事を済ませられるようにする。	○配膳の際、私語をなくすなど配膳の妨げになることを知り、手をひざにおいて静かに待つ。○食事の際は倒れないよう、ほかの子の食事の邪魔にならないような声で、話す。○決められた時間内で食事を済ませることができる。	○配膳の際にはどこに声を掛け、どうやって待つのかは各自で考えて行動できるように働きかける。○なんの時間なのか気付けるよう声を掛けを続けるか、自分で考えて気付けるように配慮する。
健康・安全		○園庭整備を自分たちで行い、園庭内の安全を守る。○避難訓練では自分の安全だけでなく、友達の安全も考えて行動できるようにする。	○危険な物が落ちていないか保育教諭が確認しておく。○小さいクラスの子どもたちの避難ベースを理解する。	○危険な物を拾って遊ぶことの危険性を知る。○小さいクラスの子どもたちの避難ベースを理解し、危険のないように避難する。	○もし友達に石が当たったらどうなるか、転んだところに石があったらどうなるか、危険なことを理解できるようにする。○足もとや乳児以外の友達の動きを見るよう声を掛ける。乳児に話をするよう声を掛ける。

気になる子への対応

○Sくん…ぶだんからお友達や配膳さがお気になっていたが、マラソン大会前には家庭では母が付きがちが治り、マラソン大会に参加できなくなってしまい、大会には参加できなかった。本人はとても楽しみにしていたので、参加できなかったことでもショックを受けていたため、けがが治り次第、再度クラスのみで簡単なマラソンのみで練習をするようにした。

保育教諭の自己評価	子どもの評価
○作品展では、テーマをもとに子どもたちにイメージをふくらませて考えられるよう、最初に絵をかいてもらった。そこから使う材料やつくる物を自分たちで考え、みんなで力しにしてあげていくことができた。子どもたちは進級に向け、年長クラスのみで簡単なマラソンのみで練習することができたが、今までできていたことにこの時間に時間がかかってしまうことがあった。年長になった、責任が伴うことにこそもたちに話をするべきであった。	○マラソンでは早めに練習を開始し、しっかり体力をつけて本番を迎えることができた。寒いなかでの練習にも意欲的に取り組む姿が見られ、最後まで一生懸命走り抜くことができた。○実験という言葉を前面に出したことでこどもたちの意欲が高まり、家庭でも保護者に話をする子どもが多かった。

月間指導計画案　20XX年度　4歳児　○○○ぐみ

園長　主任　担任

行事	保護者支援
○ひな祭り誕生会　○一日入園　○身体測定　○避難訓練　○卒園児を送る会　○安全教室　○不審者対応訓練　○卒園式	○年間を通しての協力に感謝の気持ちを伝え、引き続き次年度への協力をお願いする。 ○新年度の予定や持ち物についてのお知らせをする。 ○一年間の成長を伝え、共に喜び、保護者も次年度へ期待を持てるようにする。

3月

これまでの子どもの姿
○進級に対する意識が強くなり、積極的に活動に取り組み、年長児になることを楽しみにしている。
○年長児になる喜びや期待を持って行事に意欲的に取り組む。
○身近な自然に触れながら春の訪れに関心を持つ。
○いろいろな活動に意欲的に取り組み、友達とのつながりを深める。

月のねらい

		ねらい	環境・構成	予想される子どもの活動	配慮事項
養護	生命	○気温や活動に応じて衣服や室温の調節をし、健康に過ごせるようにする。 ○一日の流れの中で生活に必要な基本的生活習慣や態度が身に付けているか確認していく。	○個々の健康状態や活動を把握する。 ○基本的な生活習慣について確認する。	○活動に合わせて衣服の調節をする。 ○身の回りのことが自分ででできるようになり、自信を持って生活する。	○遊んでいる状況に応じて衣服の枚数や手足の冷えなどを見ながら、暑さ・寒さと衣服の調節に気付けるようにする。 ○身に付いたことを知らせ、成長を共に喜び、自信につなげる。
	情緒	○一人一人の成長を認め、個々の思いを受け止めることで、進級への喜びや期待の気持ちを持てるようにする。 ○異年齢児との関わりを楽しみながら、思いやりの気持ちを持つ。	○進級への期待が持てるような活動の場を設ける。 ○異年齢児と一緒に活動する場を設ける。	○進級への期待を持ち、卒園式の練習に参加したりする。 ○年少児に年長者としての優しさ、思いやりの気持ちを持つ。	○一人一人の成長を認め、自信や意欲を持って過ごせるよう思いを受け止める。 ○思いやりの気持ちが育つよう、年中児と年少児の違いを具体的に伝える。
教育	健康	○手洗い、うがい、生活に必要な基本的な生活習慣を自分から進んでしようとする。 ○寒さに負けず戸外で元気に体を動かして遊ぶ。	○手洗い、うがい、汗の始末、衣服の調節について伝えていく。 ○安全に遊べる園庭の整備をしておく。	○手洗い、うがい、鼻水の始末、衣服の調節など身の回りのことを丁寧に行う。 ○戸外で体を十分に動かして遊ぶ。	○手洗い、うがいの声掛けなどをし、自分から進んで行うことを習慣付けられるようにしていく。 ○必要な防寒具を身に付けるよう声を掛ける。
	人間関係	○年長児と一緒に活動を楽しむ。 ○友達一人一人のよさを見つけ、認め合う。 ○年長児と遊んでもらったことや、世話をしてもらったことに感謝の気持ちを持つ。	○年長児と一緒に生活や遊びができるよう、保育教諭間で時間や内容について打ち合わせをしておく。 ○友達と一緒に遊ぶ場を設ける。	○年長児と一緒に活動し、やり方を学ぶ。 ○友達のよいところ、好きなところを見つける。	○活動を一緒に行うことでかかわりを深め、年長児に憧れの気持ちを持てるようにする。 ○クラス全員のよいところ、好きなところを伝え、友達への関心を高める。
	環境	○雪解けに気付き、春の訪れや季節の変わり目に関心を持つ。 ○年長クラスの生活に慣れる。	○散歩に出かけたり、春に関する絵本などを用意したりして春の雰囲気づくりをする。 ○進級後の保育室やトイレの使い方を伝える。	○日差しの暖かさや雪解けに気付き、春の訪れを感じる。 ○年長児と一緒に過ごす。	○自然の移り変わりと共に、自分たちも進級することを伝える。 ○新しい環境にとまどうことのないよう、はじめに丁寧に施設の使い方を伝える。
	言葉	○一年を振り返り、思い出や共通の話題について友達と話をすることを楽しむ。 ○文字に興味を持ち、読むことを楽しむ。	○いろいろな場面を思い出しながら友達や保育教諭と会話を楽しむ。 ○名前など身近な文字を知らせる場を設ける。	○いろいろな場面を思い出し、友達や保育教諭との会話を楽しむ。 ○名前など身近な文字に打ち込む。 ○友達のよいところ、好きなところを言葉で伝える。	○言葉を補ったり聞き返したりして伝えられる喜びを味わえるよう楽しむ。 ○読み間違いはさりげなく伝え、文字を読む楽しさを感じられるようにする。
	表現	○年長児への感謝の気持ちを持って、つくったりかいたりすることを楽しむ。 ○曲に合わせて楽しんで体を動かす。	○必要な素材や用具を準備する。 ○興味のある曲を準備する。	○年長児へのプレゼントを心を込めて丁寧につくる。 ○体をダイナミックに動かすことに挑戦する。	○プレゼントは相手の喜ぶ顔を思い浮かべながらつくる感謝の気持ちを持ってつくれるようにする。 ○覚えにくいところはゆっくり返して丁寧に伝え、自信を持って堂々と表現できるようにする。
食育		○食事のマナーや姿勢、三角食べ、よくかむことなどを自分で意識して食べられるようにする。 ○友達や異年齢児と会話を楽しみながら食べる。	○食事のマナーについて友達の中で共通に確認する。 ○短い文の絵本を設ける。	○年長児を見て食器の置き方をまねたり、年少児の手本となるよう食べ方をまねて食べる。 ○異年齢児と会話を楽しみながら食事をする。	○正しい食事のマナーが身に付くよう、その都度声を掛ける。 ○各年齢の子どもたちが偏らないようにし、会話を楽しめるようにする。
健康・安全		○身の回りの危険に気付き行動する。 ○園で不審者が現れた場合の対処方法を知る。	○不審者が侵入したときの合図を知る。	○不安な表情を見せるが、保育教諭の指示に従おうとする。	○場面をとらえて、危険に気付くようにする。 ○園での安全は守られていることを伝え、安心できるようにする。

気になる子への対応
Tくん…進級後に新しい環境に早めになじめるよう、年長用の保育室で過ごす時間を少しずつ増やしていく。
Mさん…行事に落ち着いて参加できるよう、流れを分かりやすく伝え、次にやることが分かるようにする。
Kさん…同じことを繰り返し言うことができた。

保育教諭の自己評価

子どもの評価
友達の好きなところを、よいところを発表する機会を設けたことで、改めて自分のよさや友達のよさに気付き、自信や意欲を持つことにつながった。また、年長児の活動を見たり、年長用の保育室で過ごす時間を設けることで進級への期待を持つことができた。

卒園児を送る会での出し物やプレゼントづくりを友達と一緒に楽しみ、かかわりを深めながら活動する姿が見られた。特にお遊戯は年長児が行っていた物に挑戦し、やり遂げたことで満足げで自信や意欲を持つことにつながった。進級にあたっては、年長児の姿に憧れの気持ちを抱き、その姿をまねしながら意欲的に過ごすことができた。

4歳児の幼児教育

～3歳児と5歳児の狭間にいて～
　記憶の出発

一人あそびが中心となる3歳児は筋道を立てて理解することが難しく、断片的にとらえ記憶します。集団あそびができるようになる5歳児は、前後関係や相手の気持ちなど抽象的な部分もとらえ記憶します。その狭間の4歳児は、信頼関係のある人の反応を見ながら善し悪しを覚え自らの理由づけをし、行動に移して記憶に残していきます。保育者は、一人ではなく集団での生活へとつながることばかけを意識し、自ら気づけるよう促していきましょう。

3歳児から4歳児への接続

3歳児は集団活動への参加と基本的生活習慣を確立する時期です。4歳児になると集団活動への帰属とともに、集団のなかの個を精神的にも身体的にも育むようになり、友だちとの人間関係も複雑化していきます。そのため、3歳児後半では基本的生活習慣の確立のなかで個の自覚を育むことが必要です。集団を意識したあそびや生活ができるよう環境を整え、子どもたちに日常のなかで少しずつ、考えたり意識して物事に取り組んだりする習慣をつけることが重要な接続アプローチとなります。

1 ▶ 4歳児クラスに進級する前に身につけておきたいこと

給食の配膳や片づけを自分で行う習慣をつける

環境設定

3歳の途中からお当番が配膳の手伝いをしたり、自分で食べた食器を片づけたりします。自発的な手洗いの習慣も身につけましょう。

保育者のかかわりのポイント

食事の配膳には時間的な余裕を持ち、一人ひとりが確実に食器を運べるようにします。おかわりをするときは自分で食べきれる量を皿に盛る練習も行うといいでしょう。

箸で食事をする習慣を身につける

環境設定

箸を持つ子が増えてきますが、家庭とも連携を図り、手指操作の機能が十分でない場合には、遊びのなかで箸の扱いを経験できるようにしていきましょう。

保育者のかかわりのポイント

活動のなかで箸を使ったり、鉛筆やクレヨンを持ったりすることから子どもが自分の手を意識するような援助を継続して行いましょう。

4歳児クラスに行き、活動のようすを見る

環境設定

3歳児の保育室と4歳児の保育室の違いを知ることで、興味を持ち、進級への期待をふくらませます。

保育者のかかわりのポイント

4歳児クラスを見学に行くときは、なるべくかかわりを持つ時間を設けましょう。いっしょに過ごすことでお互いを意識し、今後、ともに活動をするうえでいい刺激となるでしょう。

はさみやのり・絵の具など様々な素材にふれ、正しい使い方を知る

環境設定

はさみの持ち方、使い方、注意点など、一歩間違えると危険なものを安全に使用するため、あそびのなかで様々な経験をすることが大切です。

保育者のかかわりのポイント

はさみを持ち歩くときの約束など基本的なことが身につくよう、ひとつずつ丁寧に確認をしていきましょう。

子どものようす

3歳児後半の子ども

基本的生活習慣が身につき、身の回りのことができるようになる。

生活の流れがわかり、様々なことを試そうとする。

感情が豊かになり、少しずつ我慢ができるようになる。

4歳児クラスに進級した子ども

進級した期待と不安を抱きながらも、喜びを味わっている。

新しいことへ挑戦しようとする。

環境の変化に戸惑い、トラブルが起きることもある。

目標を持って生活し、友だちと過ごす楽しさを味わえるようになる。

2 4歳児の春に 身につけておきたいこと

環境が変わることで大きくなったことを自覚する

進級後、以前使用していた3歳児の部屋にあそびに行ってみましょう。環境が変わったことや、あそんでいる子どもたちのようすを見ることで、いっそう、進級したことや、4歳児になった自覚が芽生えてくるでしょう。

自分のことは自分でする習慣をつける

3歳児の後半からすでに始まっていますが、4歳児に進級すると一人でしなければならないことが増えてきます。朝の身支度、給食の配膳、食後の片づけや保育室のいすの片づけなど、生活の日課の見通しが持てるようになります。

「自分のことは自分で」という気持ちになれるように、保育者は、少しでもできたら「○○ができたね」と認めましょう。それにより子どもは、自分のことだけでなく、ほかのことも手伝いたいという気持ちになります。そのときは「手伝ってくれてありがとう。助かった」などと声をかけることにより、自己肯定感を高めていくことができます。

クラス懇談会で保護者と連携し、担任の引き継ぎを

一年間の子どもたちの成長のようすを報告し、4歳児クラスに進級するにあたり、今後どのような援助が必要か、保護者といっしょに確認する場を設けるとよいでしょう。様々な行事を通して成長したことや、集団生活を通して学んだこと、これからの課題などを保護者とともに考えます。また、担任が変わる場合はしっかりと引き継ぎを行いましょう。引き継ぎでは、児童台帳での報告や食事面での配慮、家庭の状況のほか、一人ひとりの課題を伝えることも大切です。

よろしくね

4歳児から5歳児への接続

4歳児は様々な能力を身につけており、それらを毎日育んでいます。また5歳児や保育者といっしょに活動することで、身体的にも精神的にも成長します。4歳児後半になると卒園式などへ参加することにより年長組への進級を理解し、「卒園式に参列する」「卒園児を見送る」などが意識的に行えるようになります。これらの時期を5歳児への接続の機会ととらえ、4歳児でつちかってきたものを表現することにより、5歳児クラスへスムーズに進級できるでしょう。

1 5歳児クラスに進級する前に身につけておきたいこと

環境設定

❶ 自分のことは積極的に自分で行う。

❷ 5歳児といっしょに行事を経験する。

❸ 生活習慣を見直す。

❹ 5歳児クラスに行き、クラスでの活動を見る。

❺ 友だちといっしょに目標を持って物事に取り組む。

保育者のかかわりのポイント

❶ 個々の発達の差を理解しながら、一人ひとりに合ったことばかけや援助を行い、一人でできる喜びを味わえるよう配慮する。

❷ 卒園児を送る会では、4歳児が司会・進行を行うなど、子どもたちが主体的に行事に取り組めるよう配慮する。

❸ 午睡時間や給食を食べる時間・量など、見直しが必要な子に対しては計画的に援助を行う。必要な場合は、改善するよう働きかける。

❹ 進級後のハードルが少しでも低くなるよう、5歳児のようすを見て取り入れられることは少しずつ活動に取り入れる。

❺ 子どもどうしで考えているときは見守る。解決できないときや困っている姿を見たときは、解決方法ではなく解決に導くアドバイスを与える。子どもたちの力でなんとかしようとする気持ちを大切にし、解決したときの喜びを味わえるよう配慮する。

子どものようす

4歳児後半の子ども

5歳児への憧れを持ち、意欲を持って過ごしている。
あそびのなかで、自分たちでルールをつくったり、トラブルを解決しようとしたりするなど、社会生活に必要な力を身につけていく。
積極的にお手伝いをする。
身近なおとなに甘えることもある。

5歳児クラスに進級した子ども

最年長児となったことに喜びを感じる。
今まで以上に主体的に活動に取り組む。
自立心が高まる。
プレッシャーを感じ不安を覚えると、保育者に甘える。

2 5歳児の春に身につけておきたいこと

進級にあたって②

「○○をやってみたい!!」という気持ちを大切に

進級したとき、子どもたちはやる気に満ちあふれています。今までは挑戦したことがないことでも果敢に挑んだり、目標を持って物事に取り組む楽しさも味わいます。

進級するにあたり育てたい、「自信」と「自覚」

5歳児に進級した子どもたちに必要なことは、最年長児になったという「自信」と「自覚」を持つことです。何事にも意欲的に取り組み、園生活を楽しむことで、様々な知識や経験を得られます。また、年長児という自覚が芽生えると、小さな子に自分が使っている物を貸したり、順番をゆずったり、進んでお世話をしたりするなど、異年齢児とかかわることに喜びを感じるようになります。園生活を通してよりいっそう、相手を思いやる気持ちを育てていくことが必要です。はじめは自信がなくても、徐々に自覚を持ち友だちや保育者とかかわりながら成長できるようにしていきましょう。

トイレはこっちだよ

クラス懇談会で保護者と連携し、担任の引き継ぎを

5歳児クラスに進級する際、1年間の子どもたちの成長のようすを報告し、今後どのような援助が必要か保護者といっしょに確認する場を設けるとよいでしょう。また、これからの課題を保護者とともに考えます。担任が変わる場合はしっかりと引き継ぎを行いましょう。引き継ぎの例として、児童台帳での報告とともに、一人ひとりの発達状況と今後の課題を伝えることも大切です。

養護

保育における養護とは、生命の保持と情緒の安定を図るため保育者が行う援助やかかわりであり、保育の根幹に位置するものと強調し、養護及び教育を一体的に行うことを基本としています。改定された保育所保育指針、幼保連携型認定こども園教育・保育要領ではその重要性がさらに増しました。

保育所、幼稚園・幼保連携型認定こども園においては、「養護的かかわり」を保障されることが不可欠です。「養護的かかわり」は0歳から就学前の乳幼児期に「教育的かかわり」を達成するための基本になります。「養護的かかわり」は年齢が高くなるにつれて少なくなりますが、保育者の十分な配慮が必要です。つまり養護とは食事、排泄、睡眠、活動など、基本的生活習慣の根本を保障し、子どもの「生命の保持」及び「情緒の安定」を図るための、保育者のかかわりなのです。

養護の2つの視点

1 ◀ 生命の保持

「生命の保持」は4つのねらいから成り立っています。
1）快適………… 一人一人の子どもが、快適に生活できるようにする。
2）健康安全…… 一人一人の子どもが、健康で安全に過ごせるようにする。
3）生理的欲求… 一人一人の子どもの生理的欲求が、十分に満たされるようにする。
4）健康増進…… 一人一人の子どもの健康増進が、積極的に図られるようにする。

例えば……

4歳児の場合は、保育者が健康状態や発達を把握して適切に対応し、具合が悪いときなど子どもが自ら気づけるように配慮します（快適）。

また保育者は子どもに健康や安全の大切さを知らせ、安全に配慮した環境づくりをします（健康安全）。

子どもが食事、排泄、睡眠、休息などの欲求を十分に満たせるように配慮して環境を準備します（生理的欲求）。

保育のなかに、子どもの発達を見通し、全身を使う運動を適度に取り入れ、それぞれに合った活動ができるようにすることが大切です（健康増進）。

2 ┤ 情緒の安定

「情緒の安定」も４つのねらいから成り立っています。
　１）安定………… 一人一人の子どもが、安定感をもって過ごせるようにする。
　２）安心………… 一人一人の子どもが、自分の気持ちを安心して表すことができるようにする。
　３）自己肯定感… 一人一人の子どもが、周囲から主体として受け止められ、主体として育ち、自分を肯定する気
　　　　　　　　　持ちが育まれるようにする。
　４）癒し………… 一人一人の子どもがくつろいで共に過ごし、心身の疲れが癒されるようにする。

例えば……

４歳児の場合は、日々の生活やあそびのなかで、安定して
のびのびと友だちとかかわれるよう援助します（安定）。
また友だちとの関係のなかで安心して自分の気持ちを出せ
るよう援助します（安心）。
集団生活のなかで、互いの存在やよさを認め合えるように
一人ひとり自己肯定感が持てるよう配慮していきます（自
己肯定感）。
生活のなかでの不安を取り除き、役割や責任を果たした達
成感などに共感することで、心身の緊張が和らぐよう援助
していきます（癒し）。

養護は「生命の保持」「情緒の安定」の２つから成り立つ
ものですが、この２つが同時に機能する必要があります。
"心が不安定でも活動ができればいい"などということは
ありえませんし、"子どもがすごく意欲的だからあれもこ
れも安全を無視してチャレンジさせる"ということも子ど
もの力を過信した結果として大けがにつながる恐れがあり
ます。またクラスのなかでの友だち関係、保護者との関係、
きょうだいとの関係、そして担任との関係を理解し、子ど
もの成長が環境に大きく左右されることを踏まえて対応を
考えていきます。ここで大切なことは、養護も一人ひとり
に合わせる必要があるということです。

育みたい資質・能力の3本の柱をより具体的にした「幼児期の終わりまでに育ってほしい10の姿」

「幼児期の終わりまでに育ってほしい10の姿」をいかすには

幼稚園教育要領や保育所保育指針は、小学校学習指導要領と異なり、「～を味わう」、「～を感じる」などのように、いわばその後の教育の方向付けを重視した目標で構成されています。児童期については小学校学習指導要領において育つべき具体的な姿が示されているのに対し、幼児期については幼稚園教育要領や保育所保育指針からは具体的な姿が見えにくいということがこれまで言われてきました。

幼児期の発達の段階が一律でなく個別であり、一人ひとり違っていることを思えば、幼児期の教育において、年齢ごとに到達すべき目標を一律に設定することは適切とは言えませんが、各幼稚園、保育所、認定こども園においては、幼児の発達や学びの個人差に留意しつつ、幼児期の終わりまでに育ってほしい幼児の姿を具体的にイメージして、日々の教育を行っていく必要があります。また、各小学校においては、各幼稚園、保育所、認定こども園と情報を共有し、幼児期の終わりの姿を理解したうえで、幼小接続の具体的な取り組みを進めていくことが求められます。

各幼稚園、保育所、認定こども園においては、幼児の発達などの状況を踏まえて、幼児期の終わりまでに育ってほしい幼児の具体的な姿をイメージしつつ、豊かな教育活動が展開されるようくふうする必要があります。

「幼児期の終わりまでに育ってほしい10の姿」とは

①健康な心と体

②自立心

③協同性

④道徳性・規範意識の芽生え

⑤社会生活との関わり

⑥思考力の芽生え

⑦自然との関わり・生命尊重

⑧数量や図形、標識や文字などへの関心・感覚

⑨言葉による伝え合い

⑩豊かな感性と表現

総合的に絡みあっている「10の姿」

幼児期に育みたい資質・能力を3つに分けた「知識及び技能の基礎」「思考力、判断力、表現力等の基礎」「学びに向かう力、人間性等」という視点があります。5領域のねらいを意識したあそびを通して、3つの資質・能力の柱が育っていき、具体的に10の姿となって結実します。「幼児期の終わり」とありますが、5歳児のみが対象ではなく、この10の姿は乳児期から3歳、4歳と育まれ、最終的に「幼児期の終わりまでに育ってほしい姿」となり、小学校へと接続されます。

4歳児はどのように考えたらいいの？

「自分でやってみたいな」と自ら動きだせる環境のなかで、自分なりの方法で試行錯誤する時間や場をつくりましょう。「できた」という達成感や十分にあそんだという気持ちが総合的に経験として積み重なり、5歳児になったときに「好奇心」へとつながっていくのです。

幼児期の終わりまでに育ってほしい4歳児の具体的な姿

5領域　健康

健康な心と体

体を動かす様々な活動に目標を持って挑戦したり、困難なことにつまずいても気持ちを切り替えて乗り越えようとしたりして、主体的に取り組むことができます。

育ってほしい姿

衣服の着脱、食事、排泄などの活動の必要性に気づき、自分ですることができます。また、準備や片づけも含め集団での生活の流れなどを予測して、自分たちの活動に見通しを持って取り組むこともできるようになります。複数の友だちといっしょにあそぶ楽しさがわかってきます。

保育者のかかわり

子どもたちの健康な心と体を育むために、健康的な生活を送るうえで必要なことを、子どもたちといっしょに考えてみたり、子どもたちの前で実際にやってみせたりします。本人が「できた」という実感を持てるようにすることが大切です。

5領域　人間関係

自立心

生活の流れを予測したり、周りの状況を感じたりして、自分でしなければならないことを自覚して行うことができるようになります。

育ってほしい姿

「〜〜だけれども……する」という自制心の形成が始まります。自分でできることは自分で行い、自分でできないことは保育者や友だちの助けを借りながら、最後には自分で行おうとします。

いろいろな活動やあそびにおいて自分の力で最後までやり遂げ、満足感や達成感を持つことが自信へとつながります。

保育者のかかわり

子どもたちの自立心を育むために、保育者は、子どもたちが自分で考え、行動できるように、必要なことをわかりやすく伝えるとよいでしょう。ただし、子どもは一人ひとり発達のスピードが異なるため、個別にフォローすることも重要です。

さらに子どもは人に認められることで自信を深めます。日頃から認めるような声かけの対応をしていくことも大切です。

5領域　人間関係

協同性

いろいろな友だちと積極的にかかわり、友だちの思いや考えなどを感じながら行動できるようになってきます。相手にわかるように伝えたり、相手の気持ちを察して自分の思いの出し方を考えたり、我慢したり、気持ちを切り替えたりしながら、わかりあおうとします。

育ってほしい姿

友だちの気持ちに気づき、理解できるようになります。同じあそびに興味を持った仲間とイメージを共有し、協同する喜びも感じることができます。

保育者のかかわり

自分と他人の区別がつくようになり、自意識が芽生えはじめると、トラブルも多くなります。保育者が子どもの考えや思いを受け止め、様々な意見があってもよいのだと思えるような言葉かけや環境を用意することにより、子どもたちは共感する喜びを味わうことができます。

5領域　人間関係

道徳性・規範意識の芽生え

相手も自分も気持ちよく過ごすために、してよいことと悪いことの区別などを考えて行動できるようになります。また、友だちや周りの人の気持ちを理解し、思いやりを持って接することもできます。

育ってほしい姿

クラスのみんなと心地よく過ごし、よりあそびを楽しくするためのきまりがあることがわかり、それを守ろうとします。みんなで使うものに愛着を持ち、大事に扱おうとします。友だちとのトラブルも多くなるころですが、折り合いをつけ、自分の気持ちを調整しようとします。

保育者のかかわり

友だちの気持ちを受け止めたり、自分の行動を振り返って謝ったり、気持ちを切り替えたりする子どもを認め、励ますとよいでしょう。様々なできごとを経験することで、子どもたちはあそびのルールをつくり替えたり、年下の子どもにわかりやすく説明したりするようになります。子どもどうしが仲間としていっしょに楽しめるようになるといいですね。

社会生活との関わり

園以外の人々や地域の様々な人々に、自分からも親しみの気持ちを持って接しようとします。親や祖父母など家族を大切にしようとする気持ちを持つようになります。

育ってほしい姿

関係の深い人々とのふれあいのなかで、自分が役に立つ喜びを感じることができます。地域の四季折々の伝統的な行事にふれ、自分たちの住む地域にいっそう親しみを感じるようになります。

保育者のかかわり

お散歩や周辺地域に出かけることにより社会生活における行動範囲を広げる機会を多くし、日頃から保育者が地域の方々と笑顔で挨拶を交わす姿を子どもたちに見せることで、子どもたちが地域に親しみを持てるように意識しましょう。地域の行事への参加など、身近な地域や社会と出会える機会を設けるのもよいでしょう。

5領域　環境

思考力の芽生え

身近な事象や物との多様なかかわりのなかで、物の性質や仕組みについて考えたり気づいたりできるようになります。また、4歳児なりの思いを伝え、くふうして多様なかかわりを楽しむことができてきます。

育ってほしい姿

物の性質やしくみに自分なりに気づき、いろいろな予想をし、発見することを楽しみながらくふうして使うことができるようになります。また、ほかの子の考え方にふれることで、思考が広がります。

保育者のかかわり

色水あそびのように、子どもの好奇心や探究心を引きだすような状況をつくるとともに、子どもたちそれぞれの考え方を受け止めましょう。いろいろな考え方をわかりやすく伝えながら、新しいことを生みだす喜びが感じられるようにサポートするとよいでしょう。

5領域　環境

自然との関わり・生命尊重

自然にふれて感動する体験を通して、自然の大きさや不思議さを感じ取ります。また、季節の草花や木の実など自然の素材や、風・氷などの自然現象を取り入れたあそび、身近な動物の世話や植物の栽培を通じて、自然の不思議さを確かめようとします。

育ってほしい姿

水や氷、日光や影など、同じものでも季節や時間による変化を感じ取ることができます。身近な動植物を命あるものとして見つめ、心を動かし、親しみを持って接することで、いたわる気持ちや大切にする気持ちが育ってきます。

保育者のかかわり

自然や生命にかかわることを話題として取り上げたり、継続的に観察を行ったり、子どもたちといっしょに調べたりすることにより、子どもたちの好奇心や命を大切にする気持ちがさらに高まります。

数量や図形、標識や文字などへの関心・感覚

生活やあそびを通じて、自分たちに関係の深い数量、長短、広さや速さ、図形の特徴などに関心を持ち、必要を感じながら数えたり、比べたり、組み合わせたりしようとします。文字や様々な標識が、人と人をつなぐコミュニケーションの役割や意味を持つことに気づきます。

育ってほしい姿

生活やあそびのなかで、自分たちに関係の深い数量、長短、広さや速さ、図形の特徴などに親しみを持ち、必要に応じて数えたり、比べたり、組み合わせたりすることを通して、数量・図形・文字などへの関心、感覚が高まるようになります。

保育者のかかわり

生活やあそびのなかで子どもたち一人ひとりの数量や図形、標識や文字などとの出会いや関心の度合いを把握し、知識の深まり具合に応じてくふうしながら、それらと親しむ環境を整えられるように援助するとよいでしょう。

5領域　言葉

言葉による伝え合い

言葉を通して保育者や友だちと心を通わせ、絵本や物語などに親しみを持ちます。また、相手の話の内容を注意して聞いてわかったり、自分の思いや考えなどを相手にわかるように話そうとしたりして、言葉を通して友だちと心を通わせようとします。

育ってほしい姿

相手の話を注意して聞こうとしたり、自分の思いや考え方を相手にわかるように4歳児なりの言葉で表現しようとしたりします。絵本や物語などに親しみ、興味を持って聞き、想像する楽しさを味わうことを通して、その言葉の持つ意味のおもしろさを感じます。また、その想像の世界を友だちと共有し、言葉による表現を楽しんだりすることができます。

保育者のかかわり

しりとりやなぞなぞなど、言葉を使ったあそびができるようになります。子どもへ向けた語りかけや歌いかけは、言葉の理解や発語への意欲を育むうえで大切なことです。新しい言葉や表現への関心が高まるので、それらの獲得に楽しさが感じられるようにします。うまく表現できなくても心情を汲み取り、表現の楽しさへと導きます。

5領域　表現

豊かな感性と表現

生活のなかで美しいものや心を動かすできごとにふれ、イメージを豊かに持ちながら、表現ができるようになります。あそびや生活のなかで感じたことや考えたことなどを音や動きで表現し、楽しみます。

育ってほしい姿

生活やあそびを通して感じたことや考えたことなどを音や動きで表現したり、自由にかいたり、つくったり、演じてあそんだりすることができます。友だちどうしで互いに表現しあうことで、様々な表現のおもしろさに気づいたり、友だちといっしょに表現する過程を楽しんだりすることができます。

保育者のかかわり

子ども一人ひとりの表現する喜びを大切にし、その子らしい表現方法を育んでいけるように、アイデアを生みだしやすい環境を整えるといいでしょう。また、保育のなかで互いの意見や表現を認めあえるような援助も大切です。

食育

正しい食生活を身につける

幼児期のからだと心の発達や発育のためには、幼児期から食習慣の確立を促し、幼児を取り巻く環境を整えることが大切です。近年、幼児の生活時間が夜型に移行する傾向が強まってきたことから、朝食の欠食率の増加や不規則な食事時間、バランスの悪い食事による栄養の偏りが見られ、幼児肥満が増える一方で、相対する痩せ志向などの問題も生じています。

「食育」とは、生きるうえでの根幹であって、知育・徳育・体育の基本にもなるものであり、幼児期の早い時期からよりよい食習慣を確立することが必要です。では、どのように楽しく自発的に食に関する興味を引きだし、正しい食習慣が身につくよう、導けばよいのでしょうか。

4歳児の食行動として、「食事の準備を手伝う」「食事のマナーを理解し、守る」「手洗いの習慣がつく」「食事に興味・楽しみを覚える」などがあります。それらに沿うよう食育を展開しましょう。

project 1

食べ物の栄養が体にどう作用するのかを知ろう

3色の栄養板と栄養素ごとに色分けした食材カードを使い、今日食べる給食の食材をかるた取りの要領で探します。
楽しくあそびながら食材に関する知識を深めていきます。

栄養素の色分け方法
　　赤・からだが大きくなる食べ物
　　黄・熱と力になる食べ物
　　緑・元気になる食べ物

と子どもにわかりやすいことばに置き換えて伝えます。

食材カードを並べて、「赤の食べ物はどれかな？」と質問し、ひとつずつ子どもたちと確認しましょう。

赤・黄・緑に色分けした栄養板を作り、それぞれに食材カードを吊るして、子どもたちにもわかりやすく掲示しましょう。

project **2**

箸の持ち方

箸を使いはじめる目安は、スプーンの握り方が下手持ちで安定したころです。スプーンを鉛筆のように持ち、食べこぼしが少なくなってからがいいでしょう。はさみで紙を連続切りできるなら、両手の協応がしっかりできていることになり、じょうずに箸を持つことができる目安になります。

遊びのなかでも箸の使い方を覚えられます。小さく切り分けた食器用スポンジや手芸用の綿ボールなどの軟らかいものから、小さな木片や豆などの硬いものへと難易度をあげていくと、子どもも楽しく挑戦できますね。

何より大事なのは、食を楽しむこと。焦らず急がず、伝えていきましょう。

正しい箸の持ち方

準備体操をしましょう。親指・人さし指・中指が自由に動きますか。

1本の箸を中指と薬指で軽く挟むようにして、親指の腹で押さえます。

もう1本の箸を差し入れ、人さし指・中指・親指の3点で支えます。

下の箸は固定したまま、人さし指・中指を動かします。

project **3**

バイキングあそびをしよう

食育活動の一環でバイキングあそびを行います。食品模型を赤・黄・緑の栄養素に分けて並べ、バイキングのように好きな食品模型を選んでお皿に取ります。「お肉ばかりじゃなくて野菜も食べないと」「ほら、きれいに取れたでしょ？」などと子どもどうしで言いあいながらお皿に盛りつけられるといいですね。おとなになり、自分で料理を選んだり作ったりするときに、栄養のバランスよく食べられるよう、子どものうちにあそびを通して身につけられる取り組みです。

1年間を通して異年齢児保育を考える

4歳児は、同じ年齢の友だちとのつながりを求めて集団あそびに興味がわいてくる年ごろです。あそびを通して仲間といることに喜びを感じ、よりいっそうつながりを深めようと自己主張をしたり、少しずつ相手の気持ちに気づいたりしながら人間関係を形成していきます。また、園生活のなかでは3歳児と5歳児のあいだになるため、積極的に異年齢児とかかわろうとしても、どのように振る舞えばいいのかわからず行動が定まらない場面もありますが、5歳児の姿を見て様々なことを学び、少しずつ自分ができる範囲で異年齢児との交流を考えるようにもなります。そんな子どもたちの未知数の能力をいろいろな場面で開花できるようにしましょう。ここでは異年齢児とのかかわりで、どのような成長をしていくかを見ていきたいと思います。

project 1

〈春〉新入園児を迎えよう！

園生活に慣れている4歳児は、園のことをよく知っています。4月は新しい友だちが入園してくる月。気の合う友だちとあそびたい気持ちも受け止めながら、保育者から新入園児のお手伝いをお願いしていきましょう。はじめは「○○組の○○ちゃんです。靴はどこにしまうのか教えてあげてくれるかな？」など、保育者から声かけを心がけ、促されて行う4歳児を優しく見守り、できたときはお礼を言いましょう。そうすると1～2週間ほどで、子どものほうから新入園児に声をかけて靴箱を知らせたり、クラスに連れて行ってくれたりという姿が見られるようになります。

project 2

〈夏〉あそびをいっしょに楽しもう！

夏は自然あそびを通して、身も心も大きく成長する時期です。春のあいだに様々な異年齢児との交流を経験した子どもたちは、友だちどうしのかかわりにも大きな変化が見られます。友だち関係の幅が広がり、4歳児だけでなく5歳児のあそびを観察したり、あそびに参加したりと積極的に行動するようになります。4・5歳児であそぶことが多くなるとトラブルも増えてきますが、そのときは保育者が仲立ちとなり、その子の年齢や発達に合わせて声かけをして、解決の方向へ導くようにしましょう。このような経験を通して、同じ年齢の友だちだけでなく異年齢の子どもの気持ちにも気づき、寄り添っていく子どもに成長していくことでしょう。

project 3

〈秋〉行事を通して異年齢児に目を向けよう！

運動会などを通して異年齢児と直接かかわることが多くなる時期です。運動会の競技で「ここに並んでね！」と優しく声をかけリードをする5歳児を見て、憧れを持ちはじめる時期でもあります。5歳児のリードで楽しく競技に参加できた喜びを感じながら、「こんなふうにお世話がしたい」と、子どもの気持ちに変化が見られるようにもなるでしょう。夏の異年齢児との交流を通して、年上の子どもからお世話をしてもらう経験をした子どもたちは、年下の子に目を向けるようになり、年下のクラスの前で立ち止まって小さな子たちがあそんでいるようすを見守ったり、お世話をしたり、運動会では手を引いて優しく誘導する姿も見られるなど、一段と成長していきます。子どもが「したい」という気持ちを持つことが一番だいじです。そんな子どものやる気に十分寄り添い、ほかのクラスの保育者と話しあいながら、4歳児にもできるお手伝いを見つけ、満足感や達成感が味わえる環境を整えていきましょう。

project 4

〈冬〉自信を持って行動しよう！

進級を控え、子どもたちは期待と不安が入り混じる時期になります。1年間の様々な行事を思いだしながら、年長児になる喜びや不安を持ち園生活を過ごします。そして、年度の終わりの行事を一つひとつかみしめながら行動するようにもなります。「あのお姉ちゃんのような年長組さんになりたい」「年長組さんのしていたあそびを、ぼくもしてみたい」と進級に向けて心はずむこともありますが、その反面「できるかなぁ？」と不安に思う子どもも多いはず。5歳児が活動を進める姿にふれ、「年長組さんになったら○○がしてみたい」と思う子どもの気持ちを認めていきながら、自信を持って行動ができるように環境を整えることもだいじです。そして子どもたち全員が憧れの気持ちとともに、自分たちも「ひとつ大きくなるんだ」という喜びを感じるようになってほしいですね。

こんな子いませんか？ 〜感覚の違いから〜

4歳児になると、友だちとのコミュニケーションがうまくいかなかったり、生活のなかで何をしていいのかわからず戸惑ったりする姿が顕著に見られるようになる子どももいます。その場合、視点を少し変えてその子どもをよく観察してみると、感覚が極端に過敏であったり、反対に鈍感であったりすることが原因の場合がありますが、保育者がよき理解者になることで生活しやすくなります。

事例①

Bくんは友だちとすれ違ったとき、いきなり怒ってその子を叩いてしまうことがあります。Bくんは「Kくんが先にやったから」と言います。でもKくんは何もしていないので、きょとんとした顔です。

あっ‼

観察してみると……

ここが痛いよ！

叩いてないのに……

ふれられることに過敏な子どもがいます。すれ違ったときの風や、ちょっとふれただけでも、叩かれたと思って大泣きすることがあります。あそびの場面で物をさわりたがらなかったり、落ち葉の上を歩くと「痛い」と表現したり、そのほか温度差に過敏に反応する子どももいます。

こうしてみては？

そっか、痛かったんだね

ふれられることに過敏な子どもの場合、活動に参加することが億劫だったりします。物をさわることにも抵抗を感じる子どももいます。無理強いをするともっと抵抗してしまいますが、保育者がその子の苦手な感触が何なのかを知ることで、その子の気持ちに寄り添うことができます。Bくんの場合は「痛かったね」と声をかけたあとに、Kくんは何かをしたわけではなく、体が少しふれただけであることを説明しましょう。

事例②

ホールで誕生会などをしているとき、そこに入ろうとしません。入っても、うろうろして、出て行ってしまいます。

観察してみると……

うるさいよ……

聴覚が過敏な子どもがいます。少しの音でもうるさく感じたり、苦手な音があったりして、耳をふさいでいることもあります。反対に鈍感であると人の声に気づきにくいこともあります。

人がいっぱいでごちゃごちゃしていやだ……

視覚が過敏な子どももいます。光の刺激をいやがったり、ごちゃごちゃとしたようすをいやがったりします。

こうしてみては?

みんなの声がうるさい
人がたくさんいる
さわられたくない、近くにいたくない

→

みんなが静かになってから部屋に入る
部屋が落ち着いてから入る
みんなから少しだけ離れて座る

慣れないことを苦手だと思う感覚から、いつもと違う部屋に入れなかったりします。事前に「今日はみんなで誕生会をします」と知らせ、不安をなくし、さらに感覚の違いを理解したうえで配慮しましょう。無理をさせるのではなく、感覚の違いを認めることで安心して参加することができます。

周りのおとなから見ると「どうしてだろう」という行動をとる子どもがいます。その場合、感覚の違いを抱えている可能性があります。人によって感覚の受け止め方には程度の差があり、その刺激に耐えられる人と耐えられない人がいるのです。感覚には五感のほかに前庭感覚、固有受容感覚もあるので、私たちがその背景を知り、「感覚の違いがあることを知る」「行動を観察する」ことが、感覚の違う子どもを理解する第一歩になります。聴覚・視覚・触覚などが過敏で、特別な反応をしてしまうとわかった場合には、場所の配慮や音の調整、部屋の環境などを考えることが必要でしょう。感覚的な側面から行動を理解することで、子どもを注意することが減り、少し余裕を持って接することができます。

行事のとき、どうしますか？ ～ぼくも参加したい～

いつもと違うことや初めての経験は、予測ができず不安になる子が見受けられます。「何があるのか、何をするのか、いつ終わるのか」が気になって、参加できないこともありますが、事前の予告をすることで、不安は少なくなります。その場合、ことばだけよりも視覚的に情報を伝えたほうがわかりやすいようです。絵や写真を使って内容や予定を提示することで、子どもも見通しが立ち、安心して参加しやすくなります。

行事への取り組み方を考えよう《運動会の場合》

1 練習開始

本当は練習に参加したいと思っているので、見るだけでも大丈夫だと認めることが大切です。それだけでよいということを伝えると安心します。

何をしているのかな。やりたいけど……。うるさいのや、さわられるのはいやだな

2 いつ終わるか知らせましょう

事前に予定を知らせることで、安心して参加できます。ときには、その場で書いて知らせることもあります。欲張って「もう1回しようね」と言われるといやになります。こちらもルールを守りましょう。

いつ終わるの？次は何をするの？1回だけだよね。「もう1回」って言わないで

3 参加したことを確認しましょう

参加したことを振り返り、視覚化して確認しましょう。「がんばったねカード」にシールを貼りながら確認します。子ども自身も目で見て、達成感を得、満足し、次への意欲につなげられます。保育者は、少しのがんばりを認めましょう。

今日は何をしたかな？がんばったよね

4 ちょっと休憩

練習に参加すると、ほかの子以上に疲れます。不安や感覚の違いを調整するだけで、疲れてしまうからです。休憩時間とリラックスできる場所があると、気持ちの切り替えができ、安心して参加できます。

練習のあいだに室内でリラックス。

疲れた。ちょっと休憩。休憩すると、またがんばれるよ

本番ではほかの子どもたちの席とは別に休憩所を設ける。

5 当日のスケジュール

いよいよ本番！

これがあると、今日の予定がわかるよ

1日のスケジュールを視覚的に知らせます。また、指でさして確認しながら、ひとつずつ終わっていくことも知らせます。携帯しているスケジュールにシールを貼って終わったものを確認するのもよい方法です。スケジュールをひとつずつ1枚のカードにしたものをカードリングに通し、携帯用にして自分で確認すると、さらに安心できるでしょう。

そのほかの行事では……

発表会でもスケジュール

発表会も運動会と当日までの流れは同じです。本番までは気になることを一つひとつ子どもといっしょに確認していきます。例えば、「衣装は？」「○○ちゃんのセリフは？」「何の次？」など。
すべてを視覚的にわかるように伝えます。自分以外の子のことも気になるので、友だちにも協力をお願いし、衣装を着た写真や絵を提示します。

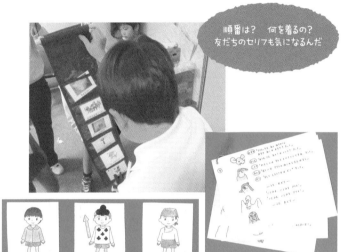

順番は？ 何を着るの？ 友だちのセリフも気になるんだ

園外保育は初めての場所でドキドキ

初めての場所、初めてのことなど経験していないことは不安になります。場所や内容など、視覚的にスケジュールを伝えることで安心して参加できます。携帯用スケジュールを用意すると、保育者に聞かなくても自分で確認することができます。

どこに行くの？ わからないと、とっても不安……。次はバスに乗って園に帰るんだね

行事に参加することが苦手な子どもには、一人ひとりにそれぞれの理由があります。本心では「ぼくも同じようにしたい」と思っていても、うまくいかずにその場から逃げてしまうこともあります。保育者は参加することが無理だと勝手に思わず、その子の得意なこと、苦手なことを把握し、参加できる方法などを考えて、計画を立ててみましょう。子どものがんばりを認め、評価することがとてもだいじです。認められることが自信になり、必ず次にもつながっていきます。

新制度及び新要領・指針に対応する考え方

平成27年度より、いわゆる「子ども・子育て関連3法」に基づく「子ども・子育て支援新制度」が始まりました。新制度は、幼児期の学校教育・保育、地域の子ども・子育て支援を総合的に進めるしくみを導入し、少子化の改善という大命題とともに教育、保育、子育て支援の質・量を充実させるものです。

乳幼児の教育のポイントは、大きく3点に要約されます。

まず、1点目は保幼小の接続・連携です。小学校以降の義務教育を低年齢化させただけではない幼児教育が必要であり、その保育方法を浸透させなくてはなりません。それは小学校の「教科」に至るまでの養護を伴った「領域」による視点を持つ、「生活とあそび」のなかから学んでいく教育ということです。集団教育による社会性など、生涯にわたる人格形成が義務教育の基礎をつちかうことになります。その意味で集団教育での学びの重要性は、そのまま幼児教育への期待となるでしょう。

2点目は0歳児からの教育の必要性です。脳科学の進んだ現在において、0歳児からの教育の必要性が重要視されています。「未来への投資」「貧困からの脱却」という意味でも、大切なことでしょう。日本でも1歳から施設保育が半数を超えているのは、その有意性があるからです。施設保育に入ることで自尊心や自己肯定感の育成が図られます。また、妊娠期及び入所していない子どものいる親であっても、子育て支援センターや一部のマイ保育園制度などのしくみを利用すれば、家庭での育児の孤立化や虐待などの予防が図られると考えられます。

3点目は保護者との子育ての共有、地域との子育てのかかわりです。子育てのパートナーとして、保護者と子育てや教育をどのように共有し、進めていくかが課題であり、そのひとつの手段として保育ドキュメントがあるのです。新制度においていかなる施設が存在したとしても、園と家庭を両輪として子育てが進められることが第一義であり、そのことなしでは乳幼児期の教育は成立しません。

さて、幼保連携型認定こども園教育・保育要領のいちばんの特徴は、法律上、幼稚園教育要領と保育所保育指針との整合性を図っていることです。その結果、今回の3つの要領・指針は外形的にも内容的にも多くの整合性が図られ、それは「育みたい資質・能力」「幼児期の終わりまでに育ってほしい10の姿」であり、指針上では「幼児教育を行う施設として共有すべき事項」として示されています。また、乳児の「3つの視点」、満1歳から満3歳未満（指針は2歳児まで）の5領域、通常の満3歳以上の5領域と、0歳児から就学前までの教育の一貫性を持つことになりました。

幼児教育・保育の無償化を鑑み、「全体的な計画」がすべての施設にも必要になったことは整合性の大きな一歩だったと考えます。

坂﨑 隆浩（こども園ひがしどおり）

ドキュメンテーション
と
カリキュラム
マネジメント

保護者への発信とPDCAサイクルに向けた
自己による客観評価（振り返り）

日々の体験・経験には、全体的な計画や教育課程から自身が作成した計画（月案・週案・日案）による様々なねらいや目的が込められていますが、それらの結果は目には見えにくいものです。ドキュメンテーション（振り返り）により、そのねらいや目的を発信し、保護者や地域社会に開示することで周囲の認識につなげましょう。到達点を示す認知能力とは違う、非認知の発達を目指したねらいを示すための説得力を持つエビデンスとして、認定こども園教育・保育要領に照らし合わせて評価した表（保育ドキュメンテーション_幼保連携型認定こども園教育・保育要領での視点）もCD-ROMに収録しています。また、作成時にPDCAのDo（実行）を振り返り、Check（評価）することで、自身のなかでAct（改善）につなげる客観的な評価が行えます。

4月
プロジェクト

4月

あそびプロジェクト

交通安全 みんなで知ろう

4歳児になると、色を認識したりマークの意味を理解したりできるようになります。今月は、安全な園生活を過ごすために最低限のマナーがあるように、交通安全にもルールがあることを伝えます。安全を確保するためだけでなく、将来様々な形で必要になることを知らせておくことが大切です。

1　順番や約束を守ろう（安全なあそび方と場所）

園庭に出て遊具であそぶときに、危険があることを知らせます。その際、子どもたちの周りにある身近な危険について、ほかにもあることを伝え、次のステップへつながるようにしましょう。

滑り台は、順番を守る、前を向いて滑るなどのことを気をつけるように話しましょう。

遊具だけでなく、室内での危険や廊下などの曲がり角からの飛びだしについても話しておきましょう。

2　標識って何?　意味を知ろう

カードやパネルシアターなどを使って、ふだんよく目にする信号や「止まれ」・「歩行者専用」などの標識を見せて、事故を起こさないために交通ルールがあることを伝えます。

用意するもの　・カード（信号など）
　　　　　　　・パネルシアター（道路標識のマークなど）

見たことあるかな?

信号だ!

 ## 横断歩道を渡ろう

園外に出て、横断歩道や信号がある場所まで歩いていきます。標識や信号を見かけたらそのつど、止まって意味を説明しましょう。

出かける前に約束事を確認しておきます。

園外に出たときの約束

①道路の右側を歩く。
②横断歩道を渡る。
③道路に飛びださない。
④道路であそばない。
⑤二人ずつ手をつないで歩く。

信号について

赤……止まる。渡らない。
黄……渡らない。青になるまで待つ。
青……右→左→右を見て、車が来て
　　　いないか確かめてから、手を
　　　上げて渡る。
歩行者用信号の青の点滅……
　　　道路の横断は始めず、渡って
　　　いる場合は、速やかに渡るか、
　　　引き返す。

一度、横断歩道の前で止まってね

 ## どっちが正しい？　交通ルールを確認しよう

園庭に出て交通ルールの○×クイズをします。あそびのなかで、交通ルールを再確認しましょう。

○×クイズの例

①青信号がピカピカと点滅したときは、
　すぐ渡る？
②道路であそんでもよい？
③車が止まっています。近くで
　あそんでもよい？
④道路の反対側に友だちがいた
　ら、走っていってもよい？

道路であそんでもいいのかな？

保育のねらい 道路の正しい歩き方や遊具の安全なあそび方を知る。

	活動内容	用意するもの・環境設定	望まれる子どもの姿	指導上の留意点
4/10	○園庭に出て、遊具などの危険なところにストップマークを貼る。	○ストップマークのシール	○園庭に出て、飛びだすと人にぶつかる危険のある場所を知る。 ○危ないところには、ストップマークを貼り、いったん止まる習慣をつける。	○園庭では特に安全面への配慮を十分に行う。 ○子どもたちの気づきや発見を見逃さないようにする。 ○毎日の生活のなかで飛びださない習慣や危険な場所を伝えていく。
4/12	○交通安全のパネルシアターやカードを見る。	○カード（信号など） ○パネルシアター（道路標識のマークなど）	○カードやパネルシアターを見ながら、危ないことを察知してお互いに言いあう。 ○交通安全について知っていることを話す。	○通園時などの安全な歩き方や駐車場での危険性について知らせる。 ○できるだけ子どもが気づいたことを発言するよう促し、応答するようにする。
4/15 保育ドキュメント	○「止まれ」の標識や信号機の見方、横断歩道の正しい歩き方を知る。	○横断歩道・信号機・「止まれ」の標識のある場所	○実際に横断歩道を歩いてみる。 ○いろいろな気づきをことばに出したり、友だちどうしで注意しあったりする。	○なぜ手を上げるのか、どうして車を見ながら渡るのかをみんなで考える。気づいたことには「よく気がついたね」と声をかける。 ○身長の低さに配慮し、幼児の目線になって視界がいかに低いか確認する。
4/17	○園庭に出て交通ルールの「○×クイズ」を行う。	○「○」「×」のマークを書いた紙	○「○×クイズ」で正解だと思うほうに移動する。 ○友だちと話しあいながら答えを出す。	○正解できるように導いていく。 ○正解したらほめることで、子どもが達成感を得られるようにする。

保育ドキュメント

横断歩道を渡ろう

4歳児クラス	**16**名
保育者	**2**名

保育の記録

アドバイス

10:00

いよいよ出発。園外に出るので最善の配慮が必要だった。特に園は国道に面し、交通量の多い場所なので危険が多い。子どもたちは通る車やトラックに興味津々のようす。出発前に約束を決めておいたので、子どもどうしで「さっき、先生が話していたよね」「約束したよね」と注意しあっていた。

子どもたちのなかからみんなでルールを守ろうという意識が生まれています。安全確認をもう一度しっかりして、車の危険性を再認識しましょう。

10:20

横断歩道まで来ると、なぜか緊張したような表情になった。「右見て、左見て……」「手を上げて……」。信号が青になると、少し急いでいたが渡ったあとは、「簡単、簡単!!」「いつもやってるもん」と、誇らしげな顔をしていた。

信号機の正しい見方はできていましたか。自分で注意して横断する意識を持つように促すことと、急いで渡ろうとする子には「あせらずに渡れば大丈夫だよ」という声かけをすることも重要です。うまく渡れない子がいることも想定しておく必要があったかもしれませんね。

10:50

園への帰り道。周りの草花や虫への興味が抑えきれず、なかなか前へ進まなかった。落ちている石にさえ夢中になっていた。車に注意しながら歩くようにした。

子どもにとって、目についたものは何でも素晴らしいのです。散歩が目的ではないので難しいところですが、タイミングをみて切り上げたり、場所によってはほかのものに興味を引いたりすることも重要ですね。

11:20

園に到着。横断歩道をきちんと渡れたかを聞いてみると、「ちゃんと渡れたよ!」「いつもちゃんとできてるもん!」とお互いに話していた。

子どもは実際に体験することで物事を身につけていきます。交通安全の意識を高めていくことが、社会のルールを守るおとなになるための第一歩になるでしょう。

→ ドキュメンテーション Part3に掲載

保育ドキュメンテーション

交通のルールを知ろう

新学期がスタートし、戸外あそびや園外への散歩も増えてきます。その前に園庭内の危険な場所や道路標識・交通のルールを覚えて、安全な園生活を送れるようにしていきます。

Part1 園庭に出てみよう

遊具や園庭・門の周りなどをひと通り見て、危険な場所を見つけていきました。できるだけ子ども自身が気づくように促しました。

4月10日

「ここ、危ないよ……」
「ここもだよ！」

「ここで止まるんだよ」

Part2 どうして標識があるの？標識や信号を知ろう

カードやパネルシアターを通して、標識などを意識づけました。

4月12日

「あっ！　これ知ってる」「止まれだよ」「信号は青で進めだよ」

横断歩道を渡ろう

4月15日

実際に歩きながら、子どものようすを見ました。信号の前では、どうやって渡るのかを確かめました。

あちこちキョロキョロしながら周りを見渡したり、車を見たりしているようです。

○×クイズ大作戦!!

4月17日

標識や交通のルールについて「○×クイズ」を通して、どちらが正しいのかを考えてみました。子どもたちの理解の程度を把握し、クイズの内容を設定しました。

○×、どっちかな……。

子どもの成長・発達

4月のプロジェクトは交通安全指導です。3歳から4歳になる時期は、子ども自身もそうですが、保育者側から見てもひとまわりもふたまわりも大きな成長を感じるものです。そして、あそびもダイナミックになっていきます。心身の発達段階に応じて、基本的な交通ルールを理解しながら交通マナーを実践し、日常生活においても安全に生活できるようにしていきたいと思います。

5月

あそびプロジェクト

旬のたけのこを知ろう

春は野菜が甘くおいしい季節です。家庭では見る機会の少ない生のたけのこにふれ、皮むきを通して様々な発見をしましょう。また、写生ではたけのこをじっくりと観察し、理解や観察力を深め、思い思いのたけのこを描きます。お互いの絵の違いを楽しみ、認めあえるようにしましょう。

1 春の野菜について知ろう

プロジェクトの導入として春の野菜に興味を持ち、野菜やたけのこの生育について学んでいきます。ふだんは目にすることの少ない皮つきのたけのこですが、絵本を通して生長の速さを知り、皮むきへの期待が高めましょう。

これが何かわかるかな？

2 たけのこの写生をしよう！

写生をすることで、たけのこをじっくりと観察し、「ここはどうなっているんだろう？」「こうなっているんだ」と発見し、理解や観察力を深めていきます。

こうかなー

3 皮むきをして、たけのこごはんを食べよう

たけのこの皮むきをします。たけのこの皮は固いので保育者がしっかりと支えて援助しましょう。初めて生のたけのこを見る子も多く、「たけのこを半分に切ると、お部屋みたいになっているんだね」などと驚く子もいるでしょう。むいたあとは、給食でおいしいたけのこごはんにしてもらい、味わってみましょう。

4 竹林を作ろう!

絵本で見た竹林をイメージしながら、オリジナルの竹林を作ります。❷で描いたたけのこを、着色したトイレットペーパーの芯を画用紙に貼って作った竹林のなかに貼りましょう。

保育のねらい　たけのこの皮むきなどを通して、旬の野菜に興味を持ち、好きになる。

	活動内容	用意するもの・環境設定	望まれる子どもの姿	指導上の留意点
5/1	○春の野菜を図鑑や絵本で見て、食材に興味を持つ。 ○春の野菜を見て、ふれてみる。	○図鑑 ○絵本 ○春野菜	○春の野菜について知る。 ○野菜に親しみを持つ。	○図鑑や絵本を一人ひとりが見やすいようにくふうし、わかりやすく伝えていく。
5/2	○たけのこの絵本を読み、どのように生えているかを知る。	○たけのこの絵本	○身近では見ることが難しいたけのこの生育について、絵本を見て知る。 ○たけのこの写生・皮むきへの期待が高まる。	○たけのこがどのように生えているかを絵本で見せ、写生・皮むきへの興味が深まるように導いていく。
5/7 保育ドキュメント	○たけのこを写生する。	○たけのこ ○画用紙 ○クレヨン	○たけのこをじっくり見て、その形や色の変化に気づき、思い思いに表現する。	○感じたまま描くように伝え、見守っていく。
	○たけのこの皮むきをする。	○たけのこ ○ビニールシート ○新聞紙 ○ボウル	○皮をむくことで皮の質感やにおいなどを五感で感じる。	○たけのこを支え、皮をむきやすいよう援助していく。 ○1枚ずつ皮をむき、徐々にたけのこの中身が見えてくる喜びをみんなで分かちあえるよう促していく。
	○おやつにたけのこごはんを食べる。	○たけのこごはん	○自分たちでむいた達成感を味わいながら、たけのこごはんを食べる。	○「おいしいね」と共感しあいながら食べられるよう声かけをする。
5/15	○竹林を作り、自分たちで描いたたけのこを貼っていく。	○のり ○新聞紙 ○手を拭くための濡れタオル ○画用紙 ○着色したトイレットペーパーの芯 ○自分たちが描いたたけのこの絵	○竹林のなかに、絵本のようにたけのこがどんどん大きくなるようイメージしながらたけのこの絵を貼っていく。 ○できあがった竹林を見て「すごいね」「○○ちゃんの大きいね」などと言いながら喜びあう。	○貼る際に破れないように手を添えたり援助をする。 ○自分たちが描いた絵が大きな竹になることをイメージできるような声かけをする。

保育ドキュメント

たけのこの皮むきをしよう

4歳児クラス	16 名
保育者	1 名

保育の記録

アドバイス

10:00

テーブルごとにたけのこを置き、クレヨンと画用紙を出す。たけのこを見て、「ポツポツがあるよ」「こっちから見ると、皮が紫に見える!」などと言いながら、思い思いにたけのこの絵を描いていた。

事前にたけのこの絵本を読み聞かせることで、たけのこの生育について興味を持ち、じっくりとたけのこを見つめていましたね。
光の当たり方でたけのこの皮の色に変化が出ることに気づき、クレヨンの色を使い分ける子どもの姿も見られるので、見守っていきましょう。

10:20

「できた!」と言い、お互いの絵を見せあって満足そうな表情をしていた。

それぞれの絵のよいところをほめ、一人ひとりのたけのこの絵の違いを子どもたちどうしが認めあえるように促していきましょう。

10:30

清潔な手でたけのこの皮むきをするように保育者が伝えてから、手洗いをし、床に座って待った。

事前に手を清潔にすることの必要性を話しておくことは大切ですね。
たけのこは水分が出るのでビニールシートを敷き、新聞紙を広げ、汚れないように事前の準備をしっかりしたこともよかったです。

10:40

1本は皮をむく前に縦に切り、たけのこの断面を見せると「お部屋みたいになってる」と驚いていた。
保育者がたけのこを支え、子どもたちが順々に皮をむいた。すると、「うわっ、すごく硬いね」「よいしょ」などの声があがった。たけのこの皮をむくのには思いのほか力が必要で、真剣な顔をしてむいていた。

断面を見ることで、たけのこの皮の中身を知ることができ、皮むきへのいっそうの期待感が増しましたね。
たけのこは大きく硬いので、手を傷つけないように注意しながら、しっかりとたけのこを支え、援助することが大切です。

10:55

「皮は茶色なのに、なかは白いね」「きれい」などと言い、自分たちでむいたたけのこを見て、「早くたけのこごはんが食べたいね」とむいたことの達成感と次への期待感が持てた。

自分たちでむいたたけのこを見る子どもたちはとても誇らしげです。皮むきの体験を通して、野菜が苦手な子であっても「食べたい」という気持ちが芽生え、楽しみが増します。

ドキュメンテーション Part2・3に掲載

5月 ドキュメント

20XX年

5月

たけのこ、大好き！

今月は春の野菜のなかで、家庭で料理する機会が少なくなってきている生のたけのこにスポットを当てました。皮がついたたけのこに子どもたちは興味津々！　絵を描くときも、たけのこの形や皮の色など様々なところに目を向けてじっくり観察しました。

Part 1　春の野菜に興味を持とう

5月1日

春の野菜はやわらかく種類も豊富なので、野菜に興味を持ち、好きになるよい機会です。図鑑や絵本を通して春の野菜やたけのこについて学びました。たけのこの生長の速さを知り、子どもたちはビックリ……！

グリンピースにそらまめ、ふきにたけのこ……。おいしい野菜がいっぱいだよ。

ワ～！　たけのこが顔を出したよ！

Part 2　じっくり見て、よ～く見て……

5月7日

たけのこの写生をするなかで、色や形などを詳しく知ることができます。また、光の当たり方や一人ひとりの見方しだいで、同じたけのこの絵でも表現が異なります。それぞれの個性がキラリと光るのです☆

光の当たり方でうっすらピンクや紫に見えるそう。子どもの観察力はスゴイ！

眼差しは真剣そのもの。

Part3 皮むきをしたら、たけのこごはんに

5月7日

いよいよたけのこの皮むき。皮を脱いだたけのこはどうなっているか見てみましょう。そして、給食の先生にたけのこごはんを作ってもらいます。自分たちでむいたたけのこは「おいしい」「やわらかい」「何杯でも食べたい」との声もあがり、おいしくいただきました。

皮をむいたら、真っ白なたけのこさんの登場★

硬いな〜。よいしょっ。

「おいしいね!」と、みんなペロリと食べました。

Part4 竹林を作ろう!

5月15日

絵本で見たように、たけのこはあっという間にずんずん大きくなり立派な竹になります。画用紙の竹林のなかに、自分たちで描いたたけのこが大きな竹になることをイメージしながら貼りました。

破れないようにそ〜っと……。

できた〜!

子どもの成長・発達

食育活動の一環としてたけのこの皮むきを行いました。家庭では調理する機会の少ない食材にふれることは、野菜や食べることに興味を持ち、楽しいと感じる機会になります。食べることが楽しく、からだが大きく元気に成長することに喜びを感じられるように食育活動を行っていきます。

また、「食育=楽しく食べる」だけでなく、写生や製作を通して自分の感じたことを表現できる活動も設けています。友だちの絵や作品を見ることは、感性を刺激しあい、相手のよさや思いに気づく機会にもなります。今後も季節に合わせ、そらまめやとうもろこしの皮むきをして人形を作ったり、五感を働かせて様々なものを創造したりする活動も行っていきます。

6月

あそびプロジェクト

ボディイメージを※知ろう！

「自分の肩はどことつながっているのかな？」「私ってどのくらいの大きさなのかな？」と、日ごろ意識することのないボディイメージを確認して動かしてみると、運動や絵画に変化が現れ、おとなや友だちとの大きさや動きの対比もできるようになりました。

1 からだあそびをしよう

プロジェクトの導入として、からだを使ったあそびをします。からだの様々な部位（背中・腕・肩・首など）を意識しながら動かせるようにしていきましょう。ネコやニワトリ、ヘビなど、動物になりきってからだを動かします。

ネコ

ニワトリ

ヘビ

保育者はからだの動かし方を伝える際、「背中を丸めるよ」「首を後ろに反らすよ」など、からだの部位をことばにし、より強く意識できるようにしましょう。

2 まねっこあそびをしよう

子どもと等身大の人形を用意し、ポーズをまねます。

関節を割りピンで動かせるように作る。

人形と同じポーズをするときに、足や手の位置などを意識できるような声かけをし、からだがどのように動くかに気づけるようにしていきましょう。

3 自分のからだの大きさを知ろう

模造紙を敷いて横になり、からだの形を写し取ることで、自分の大きさを知ります。好きなポーズをとってから写し取ると、からだの動き方にも気づけるでしょう。手の指まで写し取ることで、からだの細部にも目が向けられます。

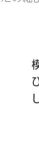
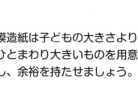

模造紙は子どもの大きさよりひとまわり大きいものを用意し、余裕を持たせましょう。

※ボディイメージとは、自分のからだ各部の位置とその関係・個々の動きのイメージ・空間での動き方などの理解を指します。

4 からだを作ってみよう

ポーズをとった針金の模型に粘土をつけて、様々な動きができる人形を作り、からだの動きを知ります。

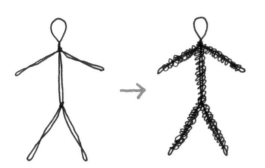

針金でからだの軸を作って、ぐるぐると
巻いていきます。

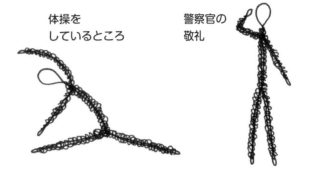

体操を
しているところ

警察官の
敬礼

作りはじめる前に、どんなポーズにするか子どもたちに
投げかけましょう。粘土をつけてできあがったら、人形
と同じポーズをしてみると、よりからだの部位や動きも
意識できるでしょう。

5 全身の自画像を描いてみよう

これまでの活動を経験したことで、より自分のからだを意識して描こうとする姿を見守りましょう。からだの
線は水性マーカーで描いてから、クレヨンで色を塗りましょう。水性マーカーで描くことで細部まで表現する
ことができます。

4歳児はまだ全体のバランスを予想しながら
描くことが難しいので、保育者があらかじめ
画用紙に顔の輪郭を描いておきましょう。

 からだを使った様々なあそびを通して、友だちと比較しながら自分のからだの部位や動きを知る。

	活動内容	用意するもの・環境設定	望まれる子どもの姿	指導上の留意点
6/6	○からだあそび（自分のからだの部位を知る）	○動きやすい広いスペース	○からだの様々な部位（背中・腕・肩・首など）を意識して、楽しみながら、からだを動かそうとする。	○からだの動かし方を伝える際、からだの部位をことばにして、意識できるようにする。 ○それぞれの部位がどのように動くのか、からだを動かしながら感じられるようにする。
6/7	○まねっこあそび（人形を見てからだを動かす）	○人形（等身大） ○動きやすい広いスペース	○人形のポーズを見て、まねをしようとする。	○人形と同じポーズをするときに、足や手の位置などが意識できるような声かけをし、からだがどのように動くかに気づけるようにする。
6/8	○自分のからだの大きさを知る。	○模造紙（子どもの大きさよりも大きめに貼りあわせる） ○水性マーカー ○クレヨン ○はさみ	○実際にからだの輪郭を紙に写し取ることで、自分のからだの大きさを知り、からだのしくみを目で見て感じる。	○自分のからだの大きさや手の形など、細かいところにも気づけるような声かけをしていく。
6/10	○針金の模型に粘土をつけて人形を作ってみる（客観的にからだの動きを知る）。	○針金で作ったからだの模型 ○油粘土 ○粘土板	○立体的な人形を作ることで、首や腕などの長さにも気づく。	○実際に立体的に作ってみることで、それぞれの部位の大きさや長さにも気づけるような声かけをしていく。
6/11	○全身の自画像を描く（ボディイメージを再確認する）。	○顔の輪郭を描いた画用紙 ○水性マーカー ○クレヨン ○画板	○これまでの活動を経験したことで、より自分のからだを意識して描こうとする（指の数や首など細部まで意識して描こうとする）。	○なかなか描き進められない子には、からだの部位やからだがどのようにできているかに気づけるような声かけをしていく。

保育ドキュメント

6月ねらい

保育ドキュメント

からだを作ってみよう

4歳児クラス	**28**名
保育者	**2**名

保育の記録

アドバイス

10:00

「あたま・かた・ひざ・ポン」の手あそびに合わせて、からだの位置を確認しあった。ひじ・つま先・太ももなど、ほかの部位にもよく気づけていた。

からだの名称の確認を、手あそびを通して楽しくできましたね。名称の語彙も増えましたが、各部の働きを聞くことでさらに知識が深まりますね。

10:05

3〜4人でグループをつくり、テーブルに座って、針金の模型を手にする。粘土で肉づけをする前に、話しあってポーズを考えるように声をかけた。それぞれのグループで実際に針金を動かしながら、ポーズを考える姿が見られた。敬礼・サッカーボールを蹴っているところ・逆立ち・体操をしているところなど、様々なポーズを考えていた。

針金の模型を伸ばしたり曲げたりする動きにより、平面だけでなく立体的な動きに着目できるようになります。身近な人の動きをまねすることでボディイメージがわきやすくなりますね。ボディイメージが十分に形成されると、「ボール投げあそび」でも自分のからだとボールの位置関係がわかるようになります。4歳児では自分のからだがどのくらいの幅があるか、などが意識できるようになります。

10:15

人形のポーズを決め、グループで協力して粘土をつけていった。「逆立ちは腕に力を入れないといけないから、たくさん粘土をつけて太くしよう」という声も聞かれた。

動きだけでなく、筋肉にまで着目できるようになったのはおもしろいですね。逆立ちするときの頭・首・腕・足など、各部位を意識でき、動きをよく見ているのがわかります。

10:35

完成したあとグループごとに前に出て、どんなポーズの人形を作ったか、みんなの前で発表した。発表しながら、人形と同じポーズをしていた。発表を聞いていた子もそれを見て同じポーズをする姿が見られた。

人形と同じポーズをすることは、からだのどこを伸ばし、どこを曲げるかを意識することになります。友だちのポーズを見て対比もできるようになりますね。

→ ドキュメンテーション Part4に掲載

ワンダーぐみ ― 保育ドキュメンテーション

20XX年
6月

ボディイメージを知ろう！

実際に自分のからだを動かしてみたり、人形を動かしてポーズを作ってみたりと、からだにちなんだあそびを通して、自分のボディイメージについて理解を深めていきました。からだの位置を意識できるようになることで、からだの動きや絵にも変化が生まれていきました。

からだを使って あそんでみよう

6月6日

ネコやニワトリ、ヘビなど、動物になりきってからだを動かしてあそびました。背中を丸めたり、首を後ろに反らしたり、からだのいろいろなところを意識して友だちと確認しあいます。

首をぐーっと後ろに反らしてヘビのポーズ。

背中の後ろで両手を合わせてニワトリのポーズ。

ネコのポーズ。背中を丸めます。

まねっこ あそび

6月7日

手足が動く人形をよく見て、同じポーズをしました。手や足はどんなふうに曲げたり伸ばしたりするのか、人形をよく見ながら実際に自分のからだも動かしてみます。

まねっこ、まねっこ、ハイ、ポーズ！！

人形をよく見て、手や足を人形と同じように動かしてポーズをします。

自分のからだの大きさを知ろう

6月8日

保護者に実際に子どものからだの輪郭を模造紙に写し取ってもらいました。紙に写し取ることで自分のからだの大きさを知ったり、からだの位置関係を自分の目で見て感じたりします。

保護者に協力してもらい、からだを写し取っていきます。

隣に並んで比べてみたよ！

等身大の子どもたちの絵がいっぱい！

Part4 からだを作ってみよう

6月10日

針金で作ったからだの模型をどんなポーズにするか考えて、粘土を針金につけていきました。体操をしているところ、サッカーボールを蹴っているところ、敬礼など。今度は客観的にからだがどのように動くかを知っていきます。

体操をしているポーズを作りました。

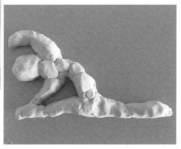

針金で作ったからだの模型。

人形と同じポーズをしてみよう!

Part5 全身の自画像を描いてみよう

6月11日

これまでの活動を振り返りながら、全身画を描きました。指先や足先まで意識して描いたり、動きのある絵を描いたりする子も出てきました。

4月に描いた全身の自画像。

活動後に描いた全身の自画像。動きのある絵に変化しました。

子どもの成長・発達

6月のプロジェクトはからだを使ったあそびを通して、からだの位置関係を知ることをねらいとしました。からだの様々な部位の働きや名称に注目し、いろいろなポーズや動きのまねをして、実際に自分でからだを動かすことに重点を置きます。体験を通してからだのイメージを表現したり、ほかの子と比較したりすることが、空間理解への出発点ともなります。プロジェクトを始める前の全身の絵は肩もありませんが、位置関係を意識する様々な経験により、絵に表せるようになりました。

7月

あそびプロジェクト

夏の星空

想像力が豊かになり目的を持って行動し、作ったり、描いたり、試したりするようになる4歳児。さらにことばにより共通のイメージを持って表現するようになります。今月は七夕のファンタジーの世界を、自分から友だち、保護者へ広げて互いに感性を引きだしあい、不思議さや美しさに共感しあえるようにしましょう。

---

① 七夕ってなあに?

「なぜ1年に一度の再会なの?」「なぜ短冊に願いごとを書くの?」。七夕にはたくさんの不思議があります。子どもたちと七夕の不思議を一つひとつ考え、ファンタジーの世界を楽しみましょう。七夕飾りも作り、笹に飾りましょう。

導入として、ペープサートや絵本などで七夕の由来について知らせます。また、由来だけでなく、7月7日には願いごとをすること、晴れると夜には天の川が見えることなどについても話しましょう。期待や想像から、友だちや保育者との会話もはずみます。

七夕飾りを作る前に、実際の短冊を見せて、この短冊に願いごとを書くことなどを話し、製作意欲がわくようにしましょう。

---

② 願いを込めた短冊を飾ろう!

主に降園時に園内で、親子で短冊に願いごとを書いてもらいます。高さのあるテーブルとそれに合わせたいすを用意し、親子で隣どうしに座って願いごとが書けるようにします。

アイドルになれますようにって書いて!

字が書ける子は自分で書き、書けない子やわからない字がある子は保護者に教えてもらったり、書いてもらったりします。
家庭に持ち帰って短冊を書く場合には負担を感じる保護者がいるかもしれません。そのときは、目に見えないもの（憧れ・期待・願いなど）を大切にする心を育てたいという目的を保護者に伝えましょう。

3 親子で星空を見よう

園の夏祭りは、親子で星空を見上げるのには絶好のチャンスです。子どもたちには、どんな星座があるのか、写真や絵本を見せて知らせましょう（天の川や織姫・彦星の星など）。事前に知らせることで実際の夜空を見たときに思いだし、「あれがそうかな？」などと考えることができ、より楽しめるでしょう。

親子でいっしょに夏の星空を見ていると、ゆったりとした時間が流れ、気持ちが落ち着いたり、和やかな気持ちになることでしょう。「きれいだな」「不思議だな」と感じることもできるはずです。

4 星空を作ろう

七夕のお話や親子で星空を見た経験を通して星空に興味を持ったところで、みんなで星空を作ってみましょう。天の川をはさんで織姫（こと座のベガ）と彦星（わし座のアルタイル）があることなどを話しながら、幻想的な星空の世界を表現することを楽しみましょう。

＊子どもたちが画用紙に鉛筆で穴を開けますが、きちんと穴が開いていないこともあります。最後に保育者が千枚通しで穴を調整するようにしましょう。

親子で見た星・星座はどうだったかを思いだし、話しあう機会を設けましょう。その後、ホールをプラネタリウムに見立て、友だちや保育者といっしょに星空を作ります。完成後は製作した喜び、達成感を味わうとともに、親子で星空を見て感じた和やかな気持ちや感動を思いだすことができます。

保育のねらい　七夕を通して夏の星空に興味を持ち、実際に星空を眺める体験をする。
その体験を通し友だちと星空を共同製作し、ファンタジーの世界を楽しむ。

	活動内容	用意するもの・環境設定	望まれる子どもの姿	指導上の留意点
7/2	○七夕の由来・行事についてのペープサートや絵本を見たり、話を聞いたりする。	○七夕のペープサート ○七夕の絵本 ○笹竹 ○七夕飾り ○短冊 ○水性マーカーなど	○七夕の由来について興味を持って知ろうとする。 ○実際の七夕飾りや短冊を見て、作りたいという意欲を持つ。	○七夕の由来や行事について話し、興味や関心が持てるようくふうする。 ○七夕の由来の話をするときに、手作りの星座を見せて思いをふくらませられるようにする。 ○七夕飾りを笹に飾るところを見せて、製作意欲を高める。
7/5 保育 ドキュメント	○七夕飾りを作る。 ○作った七夕飾りを飾る。	○折り紙 ○画用紙 ○のり ○はさみ ○手を拭くための濡れタオル ○笹竹	○好きな色の折り紙を選んだり、色の組み合わせを考えたりしながら製作する。 ○はさみやのりを使って、切ったりつなぎあわせたりして製作する。 ○友だちと見せあう。 ○笹に飾る。	○折り紙をたくさん用意し、好きな色を選べるようにする。 ○はさみを正しく使えるように説明し、手を切らないように注意する。また刃先を相手に向けたり、持ち歩いたりしないよう十分に留意する。 ○完成したものを見せあって喜べるようにし、「きれいだね」などと話しながら飾る。
7/20	○夏の星座を知る。 ○親子で星や星座を見る。	○星座がわかる写真や絵本	○どんな星座があるかに興味を持ち、星空を見上げて探そうとする。 ○星と星をつないで何に見えるか話しあう。	○写真や絵本で見た星座がどの辺りに見えるのか知らせる。 ○子どもたちが発見したものに対し、「そうだね。見えるね」「よく見つけたね」などと共感する。 ○親子で発見し、会話がはずむように導く。
7/22	○目で見た星空を友だちといっしょに作る。	○画用紙 ○鉛筆 ○千枚通し ○段ボール	○自分が見た星や星座を思いだして星の絵を描く。その絵にあわせて穴を開ける。 ○作った星空を貼りあわせてひとつの作品にし、友だちといっしょに眺めて喜んだり感動したりする。 ○作った作品を送迎時に親子でも眺め、豊かなひとときを味わう。	○手本を見せ、星空をイメージして作れるようにする。 ○友だちの作品と貼りあわせて大きな共同作品を完成させ、達成感を得られるようにする。 ○実際の空の星は遠いが、共同作品を通して身近に感じ、ファンタジーの世界を楽しめるようにする。

保育ドキュメント

七夕飾りを作ろう!

4歳児クラス	22名
保育者	1名

保育の記録

9:50

七夕飾りの製作について説明をした。作るものを知らせるため、保育者が事前に作っておいた天の川と輪つなぎを見せた。説明中、○○くんが友だちに話しかけて保育者を見ていないようだったので、「見てないと何を作るかわからないよ。見て、聞いてね」と声をかけた。

9:55

製作開始。まず好きな色の折り紙を選ぶ。友だちと何色にしたか見せあい、楽しんだ。天の川の作り方を知らせるとともに、はさみを使うときは気をつけるよう話した。天の川を作り終わった子から輪つなぎの製作へ。好きな色の折り紙を選んでから、作り方を教えた。

10:45

完成したものを友だちどうしで見せあった。天の川は切り方によって、たくさん広がるもの、広がりは少ないが簡単には切れなさそうなものなどができた。輪つなぎで長さ比べをしたり、首にかけて首飾りのようにして楽しんだ。

10:55

作った七夕飾りを笹に飾った。笹全体に飾れるよう、届かないところは手伝った。自分たちの願いごとが叶うようにと願いを込めながら飾った。また「7月7日に晴れて、織姫と彦星が会えるといいね」と話し、子どもたちが意識して気持ちを込められるようにした。

アドバイス

事前に天の川と輪つなぎを作っておいて見せたことは、耳からの情報だけでなく視覚からも導入でき、よかったと思います。

説明をするときに22人全員が集中するのは難しいことです。作品を作る前に「先生の話を聞いて作り方を覚えようね」と声をかけるなどしましょう。その際、子どもたちの意欲が失せないように注意しましょう。

好きな色の折り紙を選ぶことが、意欲につながったことでしょう。

はさみを使うときは、子ども自身も、また、そばにいる友だちにも配慮する必要があります。ちょっとしたことから、けがや事故につながるので留意しましょう。

お互いの作品を見せあうことは、子ども自身の次へのステップアップにもつながります。そしてお互いにできあがった作品に喜びを感じ、共感し、子どもたちの輪が広がっていくことでしょう。

子どもたちのそれぞれの願いが叶うといいですね。

みんなの作品が一つになり、大きな作品になったのはうれしいことです。

作ったり飾ってみたりして感じた自分の気持ちをことばで話し、伝えあう体験ができるともっとよかったと思います。

→ ドキュメンテーション Part2に掲載

ワンダーぐみ 保育ドキュメンテーション

20XX年

7月

夏の星空

7月7日の七夕に合わせて由来を聞き、願いごとを書いて叶うように祈りました。織姫と彦星、天の川にちなんで、親子で星空を仰ぐ体験もしました。きれいな星空を見上げると心が満たされ、感動した瞬間でした。最後は一人ひとりの作った星空をあわせて、大きな星空を作りました。共同作品が完成し、喜びが2倍にも3倍にもなりました。

Part1　七夕ってなあに?

7月2日

七夕の由来について、織姫と彦星が登場するペープサートを見ました。織姫と彦星の名前は聞いたことがあるけれど、どんな人たちなのか、真剣に話を聞き、思いだしている子もいました。
保育者が作った七夕飾りや短冊を見て、「自分たちも早く作りたい!」と製作意欲がわいたようです。

織姫と彦星は一年に一度しか会えないんだって!

Part2　七夕飾り製作と飾りつけ

7月5日

笹に飾る天の川・輪つなぎを折り紙で作りました。それぞれ好きな色を選び、組み合わせも自由に考えました。天の川の上に白鳥座、そして天の川をはさんで織姫と彦星も飾ってみました。

一つひとつ、つないでいこうね。

笹に飾りつけ!

「願いごとが叶いますように!」

Part3 親子で星空を見上げる

7月20日

園の夏祭りで見上げた夜空には、満天の星。キラキラ輝く星に感動しました。

星がいっぱい、きれいだね。

親子でいっしょに星空を見上げて感動しました。

 Part4 ぼくたち、わたしたちの星空きれいでしょ？

7月22日

画用紙にてん・てん・てんと穴を開け、光に当てて見ると、まるで星空のよう！　自分たちで作った星空はよりいっそう輝いて見えました。

真剣な表情で穴を開けています！

みんなの星空が完成！

子どもの成長・発達

　7月のプロジェクトは、夏の星空に興味を持ち、眺める体験を通して、共同製作をし、ファンタジーの世界を楽しむことをねらいとしました。星座の写真や絵本に関心を抱き、実際に親子で星空を見上げる体験では、夢中になって星を見つめる姿がありました。共同製作では友だちや保育者と「こんな形の星座があった」などと話しながら楽しんで製作することができました。そして、完成したものをみんなで眺め、その完成度に満足したり達成感を味わったりすることができました。

あそびプロジェクト

夏の自然に親しもう！

夏になり、セミの元気な鳴き声が聞こえてくるようになりました。子どもたちの好奇心をくすぐる鳴き声……。散歩に出かけ、身の回りにどんな生き物がいるのかを知り、自然への興味や関心を深めましょう。

1 自然や身の回りの動植物への興味や関心を育てよう

本棚に虫や草花、夏の自然事象の絵本や図鑑を用意し、子どもたちが興味や関心を持てるような環境をつくります。そして、子どもたちといっしょに探したい虫を決めましょう。

本棚に置くときに本の表紙が見えるようにしておくと、子どもの興味を引くことにもつながります。

2 虫探しに出発！！

散歩に出かけてどんな虫を見つけたいか、どんな場所にいるのかなどを子どもたちと話し、期待をふくらませましょう。子どもたちは虫探しに夢中になると、危険の予測がつきにくくなります。虫取りコースの下見をし、危険のないように十分に配慮するとともに、道路に勝手に出ないことや行ってはいけない場所を確認し、危険への意識づけもしたうえで、虫探しに出かけましょう。

持っていくもの　①虫取り網　②虫かご　③図鑑（ポケットサイズ）

虫探しのポイント

・石垣にはどんな虫がいるかな？
・石をめくって見てみよう。
・耳を澄ませて鳴き声を聞こう。
・においをかいでみよう。
・セミのいる木はどんな木かな？

虫取り網の使い方

・使わないときはまっすぐに持つ。
（振りまわすと友だちに当たって危ないことを伝える）
・虫を見つけたら静かに網を近づける。

3 観察したり調べたり、スケッチしたりしてみよう

「どんなものを食べるの？」「どんな家が住みやすいの？」。子どもたちの気づきを取り入れながら、つかまえた虫を飼育箱に入れて観察や世話をしてみましょう。わからないことは図鑑で調べたり、また自由にスケッチをするなどして、より深く親しみます。

何を食べるのかな？

図鑑を見て調べます。

よく見て絵を描いてみます。

4 表現あそび「まねをしてみよう！」

見たりふれたりした経験・体験を自由に表現してみましょう。散歩に行く場所、見てきたもの、見つけた虫、その虫は大きい？　小さい？　すべて、表現を決めるのは子どもたちです。保育者は子どもたちの発想やイメージを引きだし、そして共感し、子どもたちが表現する楽しさを味わえるようにしましょう。

お花畑に出発！！

ちょうちょうが来ました〜♪

ピアノの伴奏は子どもの動きを見て変化をつけると楽しいでしょう。リズミカルな音をつけましょう。

ハイ、ポーズ

ジ〜ジ〜

ミ〜ン

ポーズあそび

①保育者、または子どもがテーマを出します。
　　例「セミ」
②テーマを出した人が「ハイ、ポーズ」と言います。
・自分がイメージしたセミのポーズをする。
・テーマを出した人がポーズを示してもよい。

保育のねらい　身近な動植物を知って親しみ、関心を持つ。
図鑑で調べたり、観察したりすることを楽しむ。

	活動内容	用意するもの・環境設定	望まれる子どもの姿	指導上の留意点
8/5	○好きな動植物の絵本や図鑑を見る。 ○虫の絵本を見る。	○絵本 ○図鑑 ○絵本・図鑑をいつでも子どもたちが見られるように並べておく。	○虫や動植物の絵本に興味を持ち、見る。 ○保育者の読む絵本を喜んで見る。	○季節に合った、身近な虫や動植物の絵本・図鑑を選び、読み聞かせすることで期待や興味が持てるようにする。
	○虫探しではどんな虫がいるのか話しあう。	○一人ひとりが意見を言いやすい雰囲気づくりをする。	○自分の知っている虫や見たことのある虫、見つけたい虫を言う。	○一人ひとりの自由な発言を認め、自分の意見や発言することに対する自信をつける。
8/6　保育ドキュメント	○散歩に行き、虫探しをする。	○虫取り網 ○虫かご ○図鑑 ○救急セット ○笛	○だれが虫かご・網を持つか、話しあって決める。 ○並んで歩き、交通ルールや保育者の笛の合図を守る。 ○草花に興味を示す。 ○虫を見つけ、みんなに知らせる。 ○図鑑で調べる。 ○見つけた虫を虫かごへ入れる。	○人数確認や、安全への配慮を常に行う。 ○安全な場所で虫探しを行う。 ○虫が苦手な子どもには無理強いはせず、保育者がいっしょに探すなどし、どの子も楽しさが味わえるようにする。
	○虫は飼育箱に入れ、いつでも見られるようにする。	○つかまえた虫 ○飼育箱	○図鑑で調べる。 ○虫が何を食べるのかを調べる。	○虫にも住むのに適した場所や食べ物があることを伝え、生き物には命があることや、大切に世話をすることを知らせていく。
8/7	○虫の観察をする。 ○図鑑や絵本でつかまえた虫について調べる。 ○虫の絵を描く。	○飼育箱　　○図鑑 ○絵本　　　○色鉛筆 ○クレヨン ○水性マーカー ○画用紙	○飼育箱の虫を観察する。 ○飼育箱の虫を見て絵を描く。 ○図鑑や絵本の虫の絵をまねて描く。	○自由に観察できるようにし、友だちと調べたり、お絵描きが楽しめるように見守る。
8/8	○表現あそび 『まねをしてみよう！』	○のびのびと表現できるように場所を整える。	○自由な発想でイメージをふくらませて表現あそびを楽しむ。 ○リズムに合わせて身体表現を楽しむ。	○子どもの発想やイメージを引きだし、想像力を養う。 ○ピアノの伴奏は強弱をつけ、リズム・メロディーともに子どもの動きやイメージに沿うよう心がける。

虫探しに行こう!

4歳児クラス	**24**名
保育者	**2**名

保育の記録

アドバイス

10:00

虫取り網、虫かご、図鑑は当番が持つことにして、虫探しへ出発。うれしそうに歩く姿から子どもたちの期待が伝わってきた。さっそく、見えてきた景色や草花に対して「先生、この花知ってるよ」「この前、ここに虫がいたよ」「セミの声が聞こえるね」などの声があがった。

虫の声、風の音、太陽の光、草花のにおい。見るだけでなく五感を働かせることを心がけることで、今後の子どもの気づきや感性を育てることにもつながり、散歩の楽しさが増していくと思います。子どもの気づきに対することばかけもひとくふうしてみましょう。

10:20

車の通らない安全な場所で自由に虫探しをする。畑の野菜を見て、〇〇ちゃんが「先生、とうもろこしができてる!」と知らせてくれ、みんなで観察することに。「髪の毛いっぱい生えてるね」などのかわいいつぶやきが聞かれた。セミを発見し、網を持つ手を慎重に伸ばして見事につかまえることができた。しかし、網から取りだすことが難しく逃げてしまう。

園外保育では、安全面に十分な配慮が必要です。散歩コースは下見をし、危険な場所などを把握します。当日は保育者間で連携をとり、常に人数確認を行いましょう。
あそびに対する子どもの喜怒哀楽はとても大切な感情です。子どもの思いに共感しながら、どのようにしたらじょうずに網からセミを取りだすことができるのかを子どもといっしょに考えてみると、子ども自身でよい方法を考えつくかもしれません。

10:40

少し先に進み、近くの神社でセミ捕りや虫探しをする。虫を見つけ、虫かごを持っている当番のところまで持っていく。すると、さっそく図鑑を広げ調べる当番の姿が見られた。当番が調べているあいだは、虫かごを持ってあげたり、順番に網を使ったりと協力しあう姿が見られた。

協力する姿が見られ、子どもたちの成長が感じられましたね。このような経験の繰り返しのなかで、自分たちで話しあい、あそびを進めていくようになります。
虫の苦手な子もいます。そのような子どもの姿を見逃さず、保育者がいっしょに虫探しをするなど、苦手な子どもも楽しめるような配慮が必要です。

11:15

たくさん捕れて、満足そうに園に戻る子どもたち。
部屋に戻ると、何匹捕れたのか数えたり、大きさや種類に分けて虫かごに入れたり、詳しく図鑑で調べようとしたり、虫かごの中をのぞきこみ、虫のようすを観察したりしていた。

数・大きさ・種類に分けるなど経験できるよい機会でしたね。今後、自由に観察したり、調べたりできるような環境づくりをするなどし、さらに興味や関心を深めていきましょう。

ドキュメンテーション Part2に掲載

ワンダーぐみ　保育ドキュメンテーション

20XX年
8月

夏の自然に親しもう！

まぶしい太陽、風に揺れる緑、セミの合唱に心踊る夏。子どもたちといっしょに虫探しに出かけました。発見や驚きの連続に子どもたちの好奇心は大きくふくらみ、実際に見たり経験したりすることで自然への親しみを持ち、関心が深まっていきました。

Part 1　どんな虫がいるのかな？

8月5日

虫の絵本を読んで季節の虫について伝えました。すでに図鑑を熱心に見るなど興味を持ちはじめていた子も、まだ興味のなかった子も、絵本をみんなで見たことで共通のイメージを持つことができました。

あの虫、知ってるよ！

Part 2　虫探しに行こう！

8月6日

たくさんの期待を胸に、いざ虫探しへ出発！　発見や驚きの連続でした。教えあったりゆずりあったり、協力しあったりする姿も見られました。

みんなで網の使い方を考えました。

どの虫かな？　さっそく、図鑑で調べます。

あ！セミがいたよ！　そーっと、そーっと。

何匹入っているかな？

8月ドキュメンテーション

Part 3 虫の世話・観察・スケッチをしてみよう

8月7日

図鑑で詳しく調べて虫の家を作ったり、よく観察して絵を描いたりしました。

いろんな種類のトンボがいるんだね。

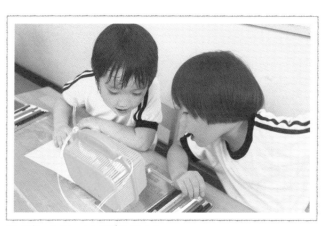

羽が動いたよ！ セミが鳴きだした！

Part 4 表現あそび「まねをしてみよう！」

8月8日

実際に見て、体験や経験をしたことで、子どもたちからたくさんの発想や表現が生まれました。

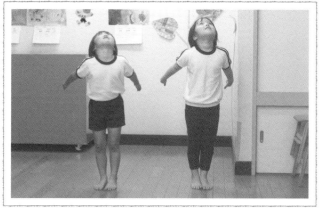

今から私たち飛びますよ〜。セミです。

手を伸ばしてトンボの羽の長さを表現しました。

子どもの成長・発達

8月のあそびプロジェクトは、身近な動植物を知って親しみ、関心を持つことをねらいとしました。このプロジェクトを通して、自然とふれあうことに夢中になる子どもたちのキラキラした姿に出会うことができました。いつもは「自分が」と主張してしまうような場面でも友だちと協力したり、自分ができることを考えたりする姿が見られました。そして、調べたり、飼育したりすることで命の大切さを考える機会にもなりました。自然という大きな力が子どもたちに学びを与え、成長させてくれたようです。

最後は、表現あそびでしめくくりました。4歳児はストレートに驚きや喜び、悲しみをからだとことばで表現します。この表現に周りのおとなたちが共感することで、身の回りのものをもっとよく見てみようとする意欲が生まれ、探究心や好奇心へとつながります。

9月

あそびプロジェクト

運動あそびを楽しもう

ブリッジは手足の筋力・背筋・腹筋など運動に必要な筋力を高め、柔軟性をつちかうために有効な運動です。一人ひとりの能力に合わせ、目標に向けて毎日少しずつ、子どもどうしが互いに刺激しあって楽しめるようにしましょう。

1　手足の筋力をつけよう

ブリッジの体勢で頭を上げたり、長時間体勢を維持することが難しい子どもには、ほかの運動や園生活のなかで、手足の力をつけたり器用に動かしたりできるような活動を心がけましょう。

転ばずに雑巾がけをしよう

頭を上げ、両手のひらでしっかりと上体を支え、足で軽快に床を蹴り、転ばずに廊下を拭けるようになることを目標にして、掃除の時間ごとに練習します。

アスレチック壁登りをしよう

雑巾がけと同様に、傾斜のある木の壁を、手を使わずに足の力で駆け上ることで、足の柔軟性や足の指を使う練習を、あそびのなかで楽しみながら行います。

手押し車をやってみよう

二人組になり、タイミングを合わせ、協調しあってバランスをとりながら、両手でしっかりとからだを支えて前進する少し難しい運動に挑戦してみましょう。

2　柔軟性を身につけよう

ブリッジを長く維持するためには、手足の筋力だけでなく、背筋や腹筋を使ってからだを自由に使えることも大切です。また柔軟性が高まることによって、からだのバランス能力も高まり、大きなけがや事故防止にも役立つ体力づくりが期待できます。

ボール渡しゲームをしよう

一列に並び、ボールを頭上・股下・左右など様々な場所から渡すことで、柔軟性とともに集中力や判断力が身につきます。また、チームで競争すると、子どもの意欲も高まり、より楽しいゲームができるでしょう。

3 頭を上げてブリッジをしてみよう

頭を上げてブリッジを続けよう

手足を床にしっかりとつけて踏んばり、おなかを天井に向けて持ち上げ、頭を床から浮かせて維持します。

4 ブリッジ歩きに挑戦しよう！

ブリッジの体勢をある程度維持できるようになったら、その場で片足を上げたり、手足を交互に動かす練習をしたうえで、歩いて前進してみます。平衡感覚が必要となり、動きに慣れるまで少し大変です。

こおりおに（ブリッジ版）に挑戦！

おににタッチされた子は、その場でブリッジをします。仲間にタッチされたらブリッジをやめ、また動けるようになります。素早くブリッジをしたり、走ったりする身のこなしが大切です。

片足を高く上げよう

両手・片足の3点で支えながら、もう片方の足を高く上げ、うまくバランスをとって、倒れないようにします。

手足を交互に動かそう

素早く体勢をつくり、手足を交互に動かし前進するための練習をします。できるようになった子からブリッジ歩きに挑戦します。

保育のねらい　自分の心身の成長を期待しながら、いろいろな運動やあそびを通して、楽しく体力づくりをする。

	活動内容	用意するもの・環境設定	望まれる子どもの姿	指導上の留意点
9/2〜	○ラジオ体操 ○雑巾がけ ○アスレチック壁登り ○手押し車	○CD ○CDプレーヤー ○雑巾 ○バケツ ○事前にアスレチック遊具の安全点検を行う。	○日々の活動のなかで少しずつ筋力がついてきていることを喜びながら、新しい運動にも意欲を持って取り組もうとしている。	○あそびのなかで必要な約束をきちんと守ることができるように配慮する。 ○毎日の雑巾がけによって手足の力が強くなることを知らせる。
9/9〜	○ラジオ体操 ○ボール渡しゲーム	○CD ○CDプレーヤー ○ボール ○笛	○いろいろなボールの渡し方を理解し、きちんと受け取って渡す動きを素早く集中して行い、ゲームを楽しんでいる。	○ボールを渡すときのからだの動き（上下左右）と頭の働きを柔軟にして、素早く反応できるようにことばかけをし、ゲームをより楽しめるように配慮する。
9/17〜	○ラジオ体操 ○頭を上げてブリッジ	○CD ○CDプレーヤー	○長く頭を上げられるように、両手両足を一生懸命に踏んばって、頭がつかないようにがんばっている。	○2グループに分け、子どもたちがお互いに数を数えあったりして、意欲的にブリッジできるようなくふうをする。
9/24〜	○ラジオ体操 ○ブリッジ60秒 ○こおりおに（ブリッジ版） ○片足上げブリッジ ○ブリッジ歩き	○CD ○CDプレーヤー ○笛 ○ストップウォッチ	○様々な活動を通して、体力づくりができていることを友だちと喜びあい、ブリッジを取り入れたおにごっこを通して、よりブリッジを楽しむ。	○おにごっこを通して、ブリッジにも身構えず楽しんで取り組めるように配慮し、ブリッジ歩きに挑戦する気持ちを高める。

保育ドキュメント

（左余白縦書き）3章　ドキュメンテーションとカリキュラムマネジメント　9月　ねらい

保育ドキュメント

ブリッジ歩きに挑戦しよう

4歳児クラス　**21**名
保育者　　　**1**名

保育の記録

アドバイス

10:00

《ラジオ体操》
体力づくりと脳の覚醒を目的に準備体操をした。
《ブリッジ60秒・片足上げブリッジ》
3グループに分かれ、お互いの動きを見たり、いっしょに数えたりしながら、意欲を刺激しあい目標に向けてがんばった。

グループに分かれブリッジをすることにより、子どもどうしのやる気を刺激しあい、お互いのがんばりを認めあえる活動になったことはよかったですね。

10:30

《こおりおに（ブリッジ版）》
ブリッジをしたり、起き上がったりする動きが素早くできない子もいたが、いつものこおりおによりも動きが大変なことを喜んでいた。

おににタッチされたら、ブリッジ（こおり）で助けを待つというルールが、身のこなしの素早さの違いで守れていない子もいましたね。「早くブリッジをする」というルールをしっかり守れるようにことばかけをして、回数を重ねていくとより楽しいこおりおにになるでしょう。

10:55

《クールダウン》
床に仰向けに寝て、保育者のことばかけにより、各部位の力を徐々に抜きながらクールダウンした。
各自、タオルで汗を拭いた。

よく動いたので、クールダウンを入れたのはよかったですね。子どもたちがリラックスしているようすがうかがえました。大切なことですね。

11:05

《ブリッジ歩き》
全員がブリッジ歩きができるわけではないので、片足上げなど各自の目標を決めて、次のステップへ進めるようにがんばっていた。

まだブリッジで歩ける子が少ないので、できるようになることを期待して、一人ひとりが目標を決め、毎日楽しみながら練習ができるようなくふうをしましょう。

11:20〜11:25

最後はダンゴムシのポーズで使った筋肉を緩めた。

このポーズで子どもたちの筋肉が予想以上に緩んでいるのが伝わってきました。これからも運動のあとに活用していくとよいですね。

▶ ドキュメンテーション Part4に掲載 ◀

9月ドキュメント

ワンダーぐみ

20XX年

9月

保育ドキュメンテーション

運動あそびを楽しもう!

小さなころから、からだづくりを目標とした活動を生活やあそびのなかに取り入れて、からだを動かすことを楽しんできました。子どもたちはできなかったことが少しでもできるようになると、最高の笑顔で喜び、次の活動に意欲と期待を持ち、進んで取り組んできました。子どものやる気を育てながら運動あそびを楽しんでいます。

Part 1 手足の筋力をつけよう!

次の目標「ブリッジ歩き」に向けて、より手足の筋力をつけるためにがんばりました。

9月2日〜

日頃から机やいすは自分たちで並べています。腕の力の強化と同時に、丁寧に運ぶことで、物を大切にするという意識も身につきます。

はじめは転んでいた子も要領を覚え、拭けるようになりました。前を見ながら拭かないと、友だちにぶつかってしまいます。

勢いをつけ、足の力で駆け上がります。

お互いバランスをとりながら、協力しあって進めるようになりました。でも、とても難しいようです。

Part2 柔軟性を身につけるあそびをしよう！

9月9日〜

上体を大きく反らしたり、ひざを伸ばしたまま前屈し、ボール渡しゲームをしました。ボールの数を増やしたり、渡し方を変えたりして楽しい活動になりました。

はいっ。はいっ。

Part3 頭を上げてブリッジをしてみよう！

9月17日〜　ブリッジの姿勢を維持できなかった子どもも、毎日の雑巾がけやブリッジの練習を通して、全員ができるようになりました。

Part4 ブリッジ歩きに挑戦しよう！

9月24日〜

手足を踏んばり、片足を上げてみました。

まっすぐ前に進むのも難しいブリッジ歩きですが、考えながら前に進んでいます。

ブリッジを取り入れた「こおりおに」をしました。

子どもの成長・発達

日常生活で拭き掃除や机運びをするなかで、手足の筋力を意識的に使うような指導を保育者が心がけ、ブリッジをはじめとするいろいろな運動を経験しました。ブリッジで歩くという目標を達成することにより、総合的にからだの筋力が高められることはもちろん、日常生活やあそびのなかでからだづくりを意識することにより、集中力や判断力・協調性や人を思いやる気持ちも育ってきました。また、柔軟性が高まってきたことにより、以前よりもけがや小さな事故が減ってきています。子どもは少し高い目標を達成することにうれしさや楽しさを感じているようで、新たな活動に期待して意欲的に取り組めるようになってきました。

10月

あそびプロジェクト

異文化体験プログラム

ハロウィンを楽しもう

10月31日はハロウィンです。最近では日本でもハロウィンが盛んですが、どんな行事か説明できますか？　子どもたちには日本や他国の文化を知り、それぞれの文化のよさを感じ、継承していくことの大切さを学んでほしいものです。　比較対象があることで、より深く学び、考え、実行できるでしょう。他国の文化を通し、日本の行事に思いを馳せることができるようにしましょう。

---

1 ## ハロウィンについて知ろう

ハロウィンをテーマに他国の文化にふれ、親しみ、体験してみましょう。「ハロウィンって何か知ってる？」「日本以外にもいろいろな国があるんだよ」「知っている国はあるかな？」と子どもたちの知識欲を高めていきます。

まねをして取り入れるだけでなく、由来や風習を知ることから始めます。海外に目を向けることが、日本のことをよく知りたいという思いにつながるでしょう。日本ならではの文化を違った視点で考えられるチャンスです。一つひとつの行事に目を向け、興味や関心を深めていきましょう。

2 ## お面を作ってみよう

ハロウィンパーティーをするために、お面を作りましょう。仮装すると聞いて、子どもたちもわくわくすることでしょう。

①保育者がお面の見本を用意し、描きたいものをイメージしやすくします。

②クレヨンで絵を描きます。あとではさみで切り抜くため複雑な形は難しいことを話します。線が太くパーツの少ない、ひとつの大きな絵が切りやすいことも伝えましょう。

③絵が描けたらはじき絵をします。クレヨンで描いた絵の上から水で溶いた絵の具をしっかりと塗るように声をかけます。

④乾いてから、はさみで切ります。帯に貼りつけて、お面の完成です。

 ## ハロウィンパーティーを楽しもう

ハロウィンを理解したあとは、実際にやってみましょう。子どもたちがお面をつけて仮装をして、お菓子をもらいに行きます。「Trick or treat！　お菓子をくれないと、いたずらしちゃうぞ！」とセリフを覚えて意気揚々と楽しみます。手作りのキャンディーボックスを持ってもいいでしょう。

オバケ役と子ども役に分かれます。それぞれ、グループごとに家を訪問します。オバケ役の子が「Trick or treat！」と声をかけたら、子ども役の子があめを渡します。家は段ボールなどで作ってもよいでしょう。

 ## 楽しかったことを絵で表現しよう

ハロウィンの活動を体験して、どの部分が楽しかったか、絵の具あそびで表現してみましょう。

まず、絵の具を含ませた筆を振ってしずくを落とします。乾いてからクレヨンで絵を描きます。細かい指示はしません。絵の具あそびをスムーズに行うための約束はしますが、「あれはだめ」「こうしなさい」とは言わないようにします。一人ひとりの気持ちに寄り添い、楽しく描けるようにことばかけをしましょう。活動を通して子どもたちの本音が見えるので、保育者にとっても楽しみなひとときになります。

 必要なものを製作し、ハロウィンパーティーに参加することで、
他国の文化を知る。

	活動内容	用意するもの・環境設定	望まれる子どもの姿	指導上の留意点
10/28	○日本以外の国の文化や行事について知る。 ○ハロウィンに関する話を聞く。	○絵本 ○ハロウィングッズ ○絵本を読み、イメージしたものをみんなで話しあう機会を設ける。	○保育者の話を聞いて作りたいお面のイメージをふくらませる。 ○自分の知っていることをみんなに伝えようとする。	○絵本やグッズはハロウィンを知らない子どもにも親しみやすく、わかりやすいものを用意する。
10/29	○お面を作る。	○画用紙 ○牛乳パック ○新聞紙 ○クレヨン ○絵の具 ○はさみ ○セロハンテープ ○のり ○輪ゴム ○手を拭くための濡れタオル	○友だちと会話を楽しみながらお面を作る。	○描いたものがお面になることを伝え、適度な大きさになるように声かけをする。
10/30 保育ドキュメント	○ハロウィンパーティーをする。	○手作りのお面 ○あめ ○キャンディボックス	○ハロウィンを理解して、楽しく参加する。 ○それぞれの役割になりきって楽しむ。	○役が固定しないように簡単なルールを子どもたちと相談して決める。 ○子どもどうしで会話を楽しめるように声かけをする。
10/31	○ハロウィンの思い出を描く。 ○絵の具あそび	○画用紙 ○絵の具 ○クレヨン ○雑巾	○絵の具の色の混ざり具合や、しずくの形の変化に気づき楽しんでいる。 ○たくさんのしずくができるように、考えながら製作している。	○筆の持ち方や力の入れ具合を確認する。 ○絵の具の配色に注意する。 ○絵の具が飛び散ることが予想されるので、あと片づけがしやすいように準備しておく。

10月ねらい

保育ドキュメント

保育ドキュメント

ハロウィンパーティーを楽しもう

| 4歳児クラス | **24** 名 |
| 保育者 | **1** 名 |

保育の記録

アドバイス

10:00

ハロウィンパーティーをすることを伝えると大騒ぎ。自分のお面をつけて準備した。

うれしいときや興奮しているときは、保育者の話が素通りしてしまうことがあります。注意事項や約束事はしっかりと伝えることを意識しましょう。

10:10

ハロウィンの飾りを見て、興味津々。なじみのあるカボチャには多くの子が反応していた。どのグループから始めるか相談する。どの子も早くやりたい素振りを見せたが、大きなトラブルにはならなかった。

環境設定はやはり大切ですね。子どもたちの持っているイメージと飾りが一致したのでしょう。楽しいと子どもたちが感じているときは、みんなが同じ方向を向いていると思います。

10:15

待っている子どもたちも、友だちと楽しそうに話していた。ルールをみんなが理解していたので、やり取りがスムーズにできた。そのため、グループごとの交替もスムーズにできてよかった。

あそび方をみんなが知っていることが大切ですね。みんなで同じように楽しむことが、クラスへの愛着につながるでしょう。

10:40

セリフを言って、もらったあめをだいじそうに抱えていた姿が印象的だった。今回は保育者が作ったあめだったが、このあめも子どもたちが作っていたら、感動もひとあじ違うものになっていたなと反省する。

プランを立てて、実際にやってみての反省は、次の保育につながります。楽しかったからこそ、より楽しくするためのくふうを考えてみるといいでしょう。

→ ドキュメンテーション Part3に掲載

10月ドキュメント

保育ドキュメンテーション

10月

ハロウィンを楽しもう！

10月31日はハロウィンです。近ごろは、テーマパークなどのイベントとしても定着してなじみのあるものになってきました。今月は製作活動を通して、外国の文化を友だちといっしょに楽しみました。

Part 1 ハロウィンって どこから始まったの？

10月28日

ハロウィンは身近な秋の恵みを見たり、収穫したりして感謝する気持ちを持つとともに、悪霊を追い払うというヨーロッパのお祭りです。10月31日は悪霊が出てくるといわれ、身を守るために仮装したりするようになりました。

ハロウィンはどんな行事なのか、子どもたちに話します。

ハロウィンによく出てくるものを絵で見ます。オバケに仮装して家を訪ね、「Trick or treat!」と唱えて、お菓子をもらったりすることを話すと大興奮でした。

Part 2 お面を作ろう

10月29日

ハロウィンの文化を体験するため、お面作りをしました。子どもたちはカボチャやオバケの話で大盛り上がり。「お面をつけて、お菓子をもらいに行こうね」と誘うと大歓声が上がりました。

みんなでクレヨンを使ってお絵描き。自分のお面を夢中で作っています。

Part **3** ハロウィンパーティーを楽しもう

10月30日

オバケが来てくれるのを、ワクワクしながら待っています。

最初は照れていた
オバケ役も、すっかり
なりきっていました。

あめをもらって
うれしそう。

Part **4** 思い出を 絵で表現しよう

10月31日

ハロウィンパーティーに参加して楽しかったことを絵にしました。オバケの雰囲気を出すため、絵の具あそびをしました。絵の具が顔や頭に飛んでしまっても気にせず、筆を振って画用紙一面にしずくを落としていました。色やしずくの大きさ、形にこだわる子もいました。絵の具が乾いたあとにクレヨンでお絵描きをしました。

どの位置にしようかな？　みんな真剣です。

最後にクレヨンでお絵描き。丁寧に描いています。

できた絵を見せてくれました。

子どもの成長・発達

10月のプロジェクトは、日本以外にも国があり、その国ならではの文化や風習があると知ることをねらいとしました。見たり、聞いたりするだけでなく、実際に経験することが大切です。友だちや保育者といろいろな話をして、考えたり思ったりしたこと、感じたことを自分なりに製作活動を通して表現していきます。

11月

あそびプロジェクト

跳び箱に挑戦しよう

年長組への進級に向け、「跳ねる・跳ぶ・走る」など運動面での不安がなくなるよう積み重ねていきましょう。

体操教室での体験を通し、挨拶の大切さ、筋道を立てて覚えること、集団活動ならではのわずらわしさや楽しさを感じながら、友だちとの関係を広げましょう。また十分な配慮をし、けがをすることなく体験できるよう準備しましょう。

---

1 少しの時間の積み重ねが大切

子どもたちの成長に不可欠な「跳ねる・跳ぶ・走る」が、家庭でのあそびのなかでは体験しにくくなりました。基礎的な運動能力の発達は、平衡感覚や転倒時の反応、将来の様々な運動や活動の下支えとなります。少しの時間でも反復練習することで、無意識の反応へつながるよう積み重ねていきましょう。

体操道具　・鉄棒　・跳び箱　・マット　・カラーコーン

鉄棒・跳び箱・マット運動・水泳など、運動は突然できるようにはなりません。どんなことにも初めて経験する日があり、体験した動きを日々積み重ねることで自分の力になっていきます。

2 順番を守りましょう

4歳児は、個別の活動での成長から、友だちの存在を感じ、いっしょに経験することを通しての成長へと変化する時期です。最初は順番を守ることでもめることもありますが、そのなかでいっしょに楽しむことを身につけていきます。

ぼくが先！

ぼくだよ！

○？×

並んで待ってるよ

順番を守り、待ち方を覚えていくなかで、友だちの演技や動きを見て、自分自身にも取り入れていきます。

 ## 跳び箱に何度も挑戦！

けがの可能性が伴う体験では、入念に準備運動を行います。
跳び箱の場合、跳べても跳べなくても低い段から始め、徐々に上げていきましょう。段階を踏み、繰り返し
練習するうちに5段を跳べる子も出てきます。その姿を見ることがほかの子どもの学びになります。

個別の行動から集団での行動へ移るなか
で、約束を守ることがだいじだと気づき
ます。約束を守り、適切な配慮をすれば
けがにつながる可能性は低くなります。
そのような状況で、じょうずに跳べてい
る子の姿を見てかっこよく感じたり、す
ごいなと思ったりすることで、自分もそ
うなりたいという気持ちが芽生え、努力
していきます。

 ## 一連の動作を覚えましょう

跳び箱をする際は、順番に並び、前の子の状況を見て、保育者の指示を待ち、教わった「走って・踏切板を
力いっぱい蹴り・跳び箱の遠くに手をつき・足を広げて・着地ではポーズを決める」という一連の動作を順
序立てて覚え、からだを動かします。そのなかで個別の成長をほめられ、達成感が得られます。また、最初
と最後の挨拶を繰り返すことで、物事には始まりと終わりがあることを知り、メリハリをつけて行動する力
が育っていきます。

踏切板を蹴って

遠くに手をついて

足を広げて

走って

着地でポーズ

運動会で自分なりに取り組んだことを披露して、保護者から認めてもらった成功体験をもとに、
自身の成長を自覚できるよう促していきましょう。

保育のねらい　自分なりの目標を持って、運動に取り組み、跳び箱に挑戦する。

	活動内容	用意するもの・環境設定	望まれる子どもの姿	指導上の留意点
11/1〜11/24	○以前、体操教室で習った鉄棒を反復練習する。	○少しの時間でよいので、日々の保育のなかで、取り組める機会を設ける。 ○お迎えの際に保護者といっしょに練習できるよう鉄棒の下にマットを敷いておく。 ○子どもたちの達成状況を保護者と確認する。	○習った鉄棒をそれぞれの目標やねらいに向け、あそびながら練習している。 ○保護者を、「見て見て」と鉄棒のところまで連れて行き、できるようになったことをうれしそうに見せている。	○鉄棒をする際の約束を丁寧に確認しておく。
	○現在、体操教室で習っている跳び箱を反復練習する。	○跳び箱　○踏切板 ○カラーコーン ○マット	○順番を守り、習ったことに気をつけながら跳び箱を楽しんでいる。	○体操教室の講師から学んだ声かけや補助のしかたを保育に活用する。
11/25 保育ドキュメント	○体操教室で跳び箱を習う。	○日差し及び頭部受傷対策として帽子をかぶる。 ○跳び箱 ○踏切板 ○カラーコーン ○マット	○できるようになったことを振り返りつつ、これからの活動に興味を示している。 ○習った約束を守り、目標達成に向け、意欲的に取り組んでいる。 ○講師や保育者の指示に従い、順番を守り安全に取り組んでいる。 ○信頼できる講師や保育者の補助を信じ、恐れずに挑戦する。 ○名前を呼ばれたときには「ハイ」と返事をする。	○準備体操を入念に行う。 ○開始・終了時に挨拶をし、物事の始まりと終わりのメリハリを感じて覚えられるようにする。 ○体操教室の講師が行う声かけや補助のしかたを、日々の保育に活用するために学ぶ。 ○話していて集中できない子には注意する。 ○怖がってしまうときは思いを受け止め、意欲的に取り組めるよう声かけや日々の個別練習を行う。
11/26〜	○日々の保育のなかで少しの時間でも反復練習をする。	○日差し及び頭部受傷対策として帽子をかぶる。 ○跳び箱 ○踏切板 ○カラーコーン ○マット	○運動会に参加し、できるようになったことを保護者の前で披露して喜んでいる。 ○跳び箱にぶつかったときに痛がることもあるが、くじけず意欲的に取り組んでいる。	○日々練習を積み重ね、行事で披露することの楽しさや運動する際の約束を身につけていく。

保育ドキュメント

跳び箱に挑戦しよう

4歳児クラス	16名
保育者	1名

保育の記録

アドバイス

10:00

帽子をかぶり園庭へ出た。まず整列し、講師と挨拶をした。講師の「跳び箱なので手首は入念に行いましょう」という声かけで準備運動を行った。

準備運動の有無で、けがをする可能性が変わるので大切です。ふざけてしまう子がいないよう注意しましょう。さらに、競技の特徴を考え、関連する部位を重点的に行うことはだいじですね。今後に生かしていきましょう。

10:20

以前できた子もできない子も、3段から始めた。できない子は何度も跳び箱にぶつかったり、顔からマットに落ちかけたりしていたが、「痛いっ」と言いながらも、元気に何度も挑戦した。講師の補助が的確だった。はじめはなかよく並んでいたが、途中から順番を抜かした抜かしていないで押しあったりしてもめていた。

段階を踏み、繰り返し練習することが上達への近道です。講師の補助の位置や方法、声かけなど、日々の保育で行えるよう学んでください。また、自分の順番がきたことを伝える声かけで、自分の番を自覚し、手を上げ、走り、跳び箱を跳ぶというように順序立てて覚えられる筋道をつくるようにしましょう。友だちとかかわる力が育ってきますが、トラブルも多くなります。相手の気持ちが少しわかるようになる年齢です。相手の気持ちに気づかせてあげましょう。

10:40

繰り返し練習するなかで、カラーコーンの先頭に並ぶと1番に跳べることに気づき、我先に前へ前へと先頭を取りあっていた。跳んだあと、もう一度跳ぶ順番を待っている子が砂をさわったり、しゃべったりしていた。

先程と同様に、お互いの気持ちに気づけるよう声かけをしましょう。30分を過ぎると、集中力が途切れてきます。自分ができてしまうと興味が薄れてくることも原因だと思います。次の活動へ期待が持てる声かけをしたり、友だちの跳ぶ姿を見て、跳べたときにいっしょに喜べるよう促しましょう。指示通りにできている子の姿にクラス全体で気づけるよう、声かけをしましょう。

11:15

低い段から段階を踏んで4段、5段と繰り返し練習するうちに、5段を跳べる子が出てきた。5段を跳べた子が模範演技をしたとき、ほかの子どもたちはしっかり見ていた。最後は整列して挨拶をしたが、終わった瞬間に大喜びで講師に飛びついていた。

段階を踏んで達成感を高め、適切な補助で安心するようにし、がんばって挑戦しようという気持ちが芽生えるようにしましょう。跳べた子のきれいなフォームに子どもたちは感動したようですね。子どもなりに、じょうずに跳べた子のフォームに何かを感じているのだと思います。終了の挨拶で終わりを知る力がついてきましたね。

ドキュメンテーション Part2〜4に掲載

ワンダーぐみ

20XX年

11月

保育ドキュメンテーション

跳び箱に挑戦しよう

最初はできなくても大丈夫！　それぞれの状況により一歩ずつ成長できるようにし、成功体験を積み重ねていきます。失敗は成功への過程です。過程を積み重ねて成功へとつなげていく体験が、楽しくあそんでいるうちに身につくと素晴らしいですね。

Part1　覚えたことを身につけましょう

運動面において反復練習は非常に有効です。また、成功体験が積み重なって自信につながるよう、家庭でも、できたことをほめてあげるように保護者に伝えましょう。

11月1日〜

日々の保育のなかで、少しの時間でも取り組みます。

「できるようになったよ！」

Part2　順序立ててメリハリを

11月25日

最初と最後に整列し挨拶することで、楽しい時間に始まりと終わりがあることを知ります。保育者や講師の指示により「ハイ」と手を上げることで跳ぶ準備ができたことを自覚し、「やるんだ」というスイッチが入ります。

きちんと整列して、しっかり挨拶。

「ハイ」と元気に手を上げて。

Part 3 配慮でけがをすることなく体験
11月25日

入念な準備運動を行い、管理された環境で約束を守り、段階を踏んで取り組みました。一人ひとりのようすを見ながら指導し、跳ぶための補助のほか、危険箇所での補助を行ったことで、怖がらず何度でも挑戦していました。

準備運動では、拍手に合わせて声を上げ、
数を数えていくことでリズム感も育ちます。

ようすを見ながら、必要な指導を繰り返しました。
何度も挑戦することで、成功体験を積みます。

Part 4 跳べた子も跳べなかった子も
11月25日

順番の待ち方を覚え、友だちのすることを見て、かっこよく感じたり、すごいなと思う気持ちが芽生えたりし、自身もそうなろうと努力します。じょうず・へたに関係なく、みんなが努力していました。

きちんと待って、友だちの演技を見ます。

最後はみんな、満足の笑顔です。

子どもの成長・発達

安全や管理などの理由により、子どもたちがからだを使ってあそぶ環境が減少の一途をたどり、家庭や地域における日々のあそびから運動神経や運動能力の基礎を発達させる機会が減少しています。姿勢よく立つ・いすに座るなどの一般的な動作にも一定の筋力が必要で、よい姿勢は集中力や理解力の源となります。英才的で先進的な試みも大切ですが、家庭や地域の生活やあそびでつちかわれにくくなった部分を振り返り、初歩としての平衡感覚や転倒時のからだの動きを身につけることも重要です。けがをしにくいからだになり、運動やクラブ活動などへつながる基礎となる能力を日々育てていきます。

12月

あそびプロジェクト

音あそびをしよう

子どもたちといっしょに、生活や自然のなかに隠れている音を探してみましょう。目を閉じて耳を澄ますと、遠くの音や小さな音も聞こえてきます。そんな音をからだや楽器で表現し、メロディーにのせて心から音楽を楽しみ、みんなで演奏することで一体感を味わいましょう。

1 音を探してみよう

まずは保育者が興味・関心を持ち、音探しをします。「あれ？　何の音？」と、音が聞こえることを子どもたちに伝えると、知りたい気持ちが高まり、興味や関心がふくらんできます。「どんな音が聞こえた？」「どこから聞こえた？」「何の音？」などと、みんなで話しあってみましょう。

①心を落ち着かせ、目を閉じて耳を澄ませましょう！
②室内で音を探してみよう！
③戸外へ出て探してみよう！

2 音を動きで表現してみよう

探した音をみんなで話しあい、からだの動きで表現します。保育者は子どもたちの動きに合わせて太鼓やピアノで音を鳴らします。このとき、子どもたちの想像がどんどんふくらむように、強弱をはっきりつけて音を鳴らすようにしましょう。

用意するもの　・太鼓やピアノなどの楽器

3 音を太鼓で表現してみよう

みんなで見つけた音を、叩いたときに太鼓の皮の振動が手からからだへと伝わりやすいジャンベという太鼓を使って表現します。イメージをふくらませながら、のびのびと叩きましょう。

用意するもの

・太鼓（ジャンベなど手で叩けるもの）
・いす

※事前に太鼓の使い方を説明しておきます。

※叩き方にはあまりこだわらないようにしましょう。

4 メロディーにのせて太鼓を叩こう

みんなで探した音をメロディーにのせて表現豊かに叩いてみましょう。強弱を意識しながら叩きます。子どもたちの気持ちを高めていきましょう。

♪～おとあそびのうた～

みみを　すましてごらん　めをとじて　ごらん
いろんな　おとがきこえるよ　ほら　どんなおと
○○○○○○○　　　　　○○○○○○○○○

※『○○○……』の部分は下記の（例）のようにみんなで探した音を当てはめて演奏しましょう。
※音の大きさを調節しながら太鼓で自由に表現します。
（例）かみなりの音　ゴロゴロゴロドーン
　　　ザーザー降る雨の音　ザーザーザーザー

おとあそびのうた

＊この「おとあそびのうた」は原稿執筆者の園で作ったオリジナル曲です。

 身近な自然や生活のなかにある音をきっかけに、音に親しみ、音楽を心から楽しむ。

	活動内容	用意するもの・環境設定	望まれる子どもの姿	指導上の留意点
12/3	○生活や自然のなかから音探しをする。	○保育室のなかや廊下、戸外など、場所を変えて活動を行う。	○目を閉じて耳を澄ますと、隣のクラスの音や友だちの声、鳥のさえずりなど、自然や生活のなかに様々な音があることに気づき興味・関心を持つ。 ○どこから聞こえてきたか、何の音なのか、知りたい気持ちが高まる。	○心を落ち着かせ、聞こうとする姿勢を身につけられるようにする。 ○聞こえた音がどんな音かを発表し、みんなで共感する。 ○聞こえた音をわかりやすく擬音語で表現してみる。
12/5	○みんなで見つけた音をからだの動きで表現する。	○集中して表現できるよう静かな場所で行う。 ○のびのびと表現できるよう動きやすい服装で行う。 ○太鼓（ジャンベ） ○ピアノ	○自分たちで見つけた音はどんな大きさなのか、想像をふくらませて表現する。 ○感じたままにからだをしっかりと動かして楽しむ。	○子どもたちが音を想像しながら大きくなったり小さくなったりする動きに合わせて、ピアノや太鼓を演奏する。 ○イメージが広がるよう、演奏に強弱をつける。
12/9	○太鼓を使って表現する。	○太鼓（ジャンベ） ○いす	○太鼓を使うときの約束を確認する。 ○音の強弱の調節をしながら、太鼓で表現する。 ○手から伝わる太鼓の振動を感じ、音のイメージを広げる。	○楽器を大切に扱うように説明する。 ○最初はのびのびと叩けるように叩き方にこだわらないようにする。 ○叩く強さで音の強弱が調節できることを知らせる。
12/10	○メロディーにのせて、表現豊かに太鼓を叩く。	○「おとあそびのうた」をピアノで弾く。 ○太鼓（ジャンベ） ○いす	○うたに合わせて、想像をふくらませながら強弱を調節し太鼓を叩く。 ○歌詞のある曲に合わせることで、自然や生活のなかの音が音楽になって楽しめることを感じる。	○探した音を太鼓で表現できるように話しあい、曲のなかに入れていく。 ○表現豊かに叩くことを大切にしながら、強弱を自分でつけることができるようにしていく。
12/14	○みんなの前で表現豊かに発表し、保護者といっしょに音楽を楽しむ。	○保護者と向かい合わせに座る。 ○「おとあそびのうた」をピアノで弾く。 ○太鼓（ジャンベ） ○いす	○保護者の前で張り切って演奏をする。 ○保護者の番になると、ひざを叩いてリズムをとったりして、いっしょに音楽を楽しみながら応援する。	○音あそびの意味や発表に至るまでの活動について保護者に説明する。 ○表現を楽しみ、みんなで心を合わせる喜びを体験し、会場がひとつになれるような雰囲気づくりをする。

保育ドキュメント

保育ドキュメント

園内発表会（保育参加）

4歳児クラス	**24**名
保育者	**2**名

保育の記録

アドバイス

10:00

○ウォーミングアップ
保護者の前に座り、心を落ち着ける。「いつもと同じように楽しみましょう」と声をかけるが、緊張しているようすがうかがえた。ウォーミングアップで、手や肩の体操をすると緊張も少し解けてきて笑顔になり、リラックスした状態になってきた。

発表前に音あそびの意味や、発表に至るまでの取り組みの説明、エピソードなどを保護者に話し、活動をいっしょに楽しんでもらえるようにしましょう。
保育者といっしょに手や肩・首などのウォーミングアップをすることで、いつもと同じ心の状態でのびのびと表現できるようにしましょう。

10:10

○演奏開始
保育者の合図で太鼓を叩く準備をした。自分たちが生活や自然のなかで見つけた音をメロディーにのせた「おとあそびのうた」を太鼓で演奏した。なかには緊張のためいつものように演奏できない子もいたが、ほとんどの子は音の強弱を調節しながら、表現豊かに叩くことができた。
○演奏終了
自分たちの表現に満足している子と、思うようにできずに満足していない子がいた。

たくさんの保護者の前では、緊張していつものように演奏できない場合もあります。じょうずに演奏することよりみんなで楽しむことを大切にし、のびのびと演奏できるような雰囲気をつくり、心の状態を安定させるようにしましょう。

10:20

○保護者ウォーミングアップ
突然のことに驚いて緊張する保護者もいたが、子どもたちといっしょに手や肩・首の体操をすると緊張がほぐれ、笑顔になり、リラックスした状態になった。

子どもたちの演奏を聴くだけでなく、いっしょに楽しむことを体験してもらうようにしましょう。準備運動をして、からだも心も軽やかにし、楽しい気持ちになるような雰囲気づくりをしましょう。

10:30

○保護者といっしょに演奏
保護者にも体験してもらった。子どもたちは保護者が叩くのを喜び、「ドンドン」と口で太鼓の音を表現したり、強弱をつけながらひざを叩く姿が見られた。子どもだけの発表では恥ずかしくて思うように演奏できなかった子も、保護者といっしょにのびのびと表現でき、一体感を味わうことができた。

保護者にも体験してもらうことで子どもたちの音楽への興味・関心が深まり、一体感が生まれたようです。子どもだけの発表では恥ずかしくて演奏できなかった子も、保護者といっしょに演奏することができ、自信につながりましたね。表現する楽しさや、みんなで取り組む喜びを体験したことが、自信につながり、大きな成長を感じることができました。

→ ドキュメンテーション Part4に掲載 ▶

ワンダーぐみ　保育ドキュメンテーション

20XX年

12月

音あそびをしよう！

自然や生活のなかにある音やリズムを見つけて、からだの動きや太鼓のリズムで表現しました。子どもたちは想像をふくらませて、内からわき上がるワクワクした気持ちを全開にして表現し、みんなといっしょに演奏することで、心を合わせる喜びを感じることができたようです。

Part 1 自然や生活のなかにはどんな音があるの？

12月3日

目を閉じ耳を澄ませ、心を落ち着かせて音探しをしました。遠くに聞こえる音・近くで聞こえる音・大きい音・小さい音。聞こえてくる音に、たくさんの気づきと発見がありました。

室内や戸外で、音探しをしました。

「ちょろちょろって聞こえる！　何の音かな？」
聞こえた音について、みんなで話しあいました。

Part 2 音をからだの動きで表現してみよう

12月5日

飛行機の音・車の音・小鳥のさえずり・水の音。聞こえてきた音から想像をふくらませて、感じたままにからだを大きく伸ばしたり小さく丸めたりして、音を動きで表現しました。

かみなり、ピカピカ！　ゴロゴロ！　ドカーン！

風が小さく、ピューピュー吹いているよ！

Part 3　太鼓で音を表現してみよう

12月9・10日

みんなで見つけた音を簡単なメロディーにのせて太鼓で表現します。大きく、小さく、もっと小さく……。叩いたときの太鼓の皮の振動が手から伝わり、想像がどんどんふくらみます。強弱を自分たちで調節しながら叩きます。

みんなで見つけた音を、強弱の調節をしながらのびのびと叩いて表現しました。

大きい音！　小さい音。　力強い音！　優しい音。

Part 4　みんなでいっしょに叩いてみよう

12月14日

いよいよ発表の日。ちょっぴりドキドキしたけれど、太鼓は楽しいね！　みんなが叩いたあとは保護者の番。おとなも子どもも心を合わせて太鼓を演奏することで、一体感が生まれました。

いよいよ発表の日。「おとあそびのうた」に合わせて表現豊かに太鼓を叩きます。

保護者もいっしょにリズムをとりながら応援！

子どもの成長・発達

　12月のあそびプロジェクトは「音楽を楽しむ」ことをねらいとしました。ふだん聞くともなく聞こえている音。自然や生活のなかにはとても楽しい音やリズムが存在することに気づきます。目を閉じて心を落ち着かせて聞こうとすることで、「聞く力」が育ち、その音からイメージし「想像力」が育ちます。それをからだの動きや楽器で表現することにより「表現力」が育ち、みんなでいっしょに演奏することで「一体感」が生まれ仲間とのつながりができます。「音」と「音楽」をつなげる「音あそび」は、自然や生活から多くを学び、豊かな心を育みます。

1月

あそびプロジェクト

すごろくあそびを楽しもう

　4歳児は数の認識ができるようになります。そこで今月は、日本の正月あそびの代表、すごろくあそびを行ってみましょう。グループに分かれ、ルールを理解して公正に進めます。約束を守ることで我慢の気持ちを育むことや他者理解を目指していきます。

1　すごろくあそびって、どんなあそび？

導入として「お正月のあそびにはどんなものがあるのかな？」と子どもたちに投げかけ話しあいます。今のようにテレビもゲーム機もなかったころ、子どもたちはどんなあそびを楽しんでいたのか考えてみます。そして、そのなかのひとつで今も伝わり続けているすごろくを取り上げます。サイコロの目の数だけ進むルールや、進んだ先に何があるかワクワクしながらあそぶ楽しさを知らせましょう。

用意するもの
・スタートとゴールだけのすごろく
・色別に作ったコマ
・牛乳パックで作ったサイコロ

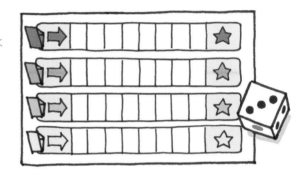

用意したすごろくに合わせ、3〜4人のグループで行います。サイコロの出た目の数だけ進みます。早くゴールに着いた人の勝ち。サイコロは小さなものより、あそんでいるみんなが見える大きなものがよいでしょう。牛乳パックなどを使うと、目の数・数字など、くふうして作ることができます。

2　ルールを守って楽しもう！

すごろくをしてあそびます。子どもどうしであそぶと、自己主張の強い子の思う通りにあそびが進んでいくことが多いもの。それではみんなであそびを楽しむことができません。
はじめは3〜4人に分かれ、保育者がついてあそびます。公平なルールを知り、順番を待つことや負けて悔しい思いをすることも大切な経験のひとつです。

3、出ろ！

ゴールまでのマスの数を多くし、すごろく本来の楽しみ「よいこともあれば悪いこともある」ということをあそびのなかで繰り返し体験しましょう。思うようにいかないとき、うまくいくとき、どちらも体験できるかな？　繰り返しあそぶことでわかる楽しみを経験しましょう。

 巨大すごろくあそびをしよう！

繰り返し楽しんできたすごろくあそびをイメージして、今度は自分がコマになって、ホールで巨大すごろくあそびを楽しみましょう。

あそび方

最初にみんなでコースを歩いて、マスに何が書いてあるのかを確認します。

1. じゃんけんで順番を決める。サイコロを振るときに、自分のいた場所がわからなくならないよう、各自、違う色のコマを持ち、自分の順番になったらマスにそのコマを置き、サイコロを振りに行く。

2. サイコロを振る。

3. 出た目の数だけ数えながら進む。

4. また自分の順番がきたらコマを置き、サイコロを振りに行く。

 あそびを展開する　〜ルールを考えてみよう〜

自分たちで考えたルールを加え、より楽しめるくふうをしましょう。ホールで行う巨大すごろくあそびに新しいルールを考えて加え、自分たちのすごろく作りを行います。

勝ち負けのあるゲームを繰り返し行う意味

負けるとすねたり怒ったり……。自分の気持ちをコントロールすることがまだ難しい子どもたち。あそびのなかで「うまくいかない」「思い通りにならない」経験を積み重ねることで、勝ったときの喜びも倍増することでしょう。また、自分と同じような気持ちになっている友だちのようすに気づくこともできるようになります。「友だちとあそぶから楽しい」「ルールを守るからこそ楽しい」ということを感じる機会にしましょう。

保育のねらい

すごろくあそびを通して、思い通りになることもならないことも経験し、楽しさを知る。

	活動内容	用意するもの・環境設定	望まれる子どもの姿	指導上の留意点
1/10	○伝承あそびについて話をする。 ○すごろくあそびの基本ルール（サイコロの出た目の数だけ進む）を覚える。	○スタートとゴールだけのすごろく ○牛乳パックで作ったサイコロ ○コマ	○サイコロの出た目の数を数えることができる。 ○マスを数えながらコマを動かし、ゴールまでの速さを競うおもしろさを味わう。 ○自分の番がくるまで順番を待つことができる。	○子どもといっしょに数を数えながら、コマを進める援助をする。自分で数えられるようになったら見守る。 ○ゴールできたことを共に喜び、楽しい雰囲気で行えるようにする。
1/17	○新しいルール「○マス進む・○回休み」などを加えたすごろくを楽しむ。	○マスごとにわかりやすい食べ物や動物が描いてあるすごろく ○サイコロ ○コマ	○ルールを理解し、止まったところに書いてある内容が「ラッキー」か「トラップ」か、期待感を持ってサイコロを振る。 ○文字への興味を示し、字を読む。	○サイコロを振ることがおもしろくなって強く振ってしまう子もいるので、優しく振ることを伝える。
1/21	○自分がコマとなり巨大すごろくを楽しむ。	○マット ○マスの内容を書いた紙 ○積み木で作った大きなサイコロ ○各自が持つ目印のコマ	○以前行ったすごろくをイメージしながら、自分がコマとなり、サイコロの出た目の数だけ「1、2……」と数えながら進むことができる。	○はじめにマットの上を歩き、すごろくのコースのマスに書いてある内容を確かめる。 ○サイコロを振るときは、みんなから見える位置に振るように声をかける。
1/28 保育ドキュメント	○自分たちで考えた新しい内容のマスを加えてホールでの巨大すごろくを楽しむ。	○マット ○新しいマスの内容を書いた紙 ○積み木で作った大きなサイコロ ○各自が持つ目印のコマ	○自分たちで考えた内容をクリアするおもしろさ、ゴールして勝つことのおもしろさを感じる。 ○最後の一人がゴールするまで、友だちを見守って応援することができる。	○みんなといっしょに行う内容のマスに止まった子に注目が集まるよう促し、楽しく行えるようその場を盛り上げていく。 ○いっしょにすごろくをしているメンバー全員がゴールするまで、見守れるように声かけをする。

保育ドキュメント

ルールを考えあそびを展開

4歳児クラス　**23**名
保育者　**2**名

保育の記録

アドバイス

9:45

ホールで行う巨大すごろくの新しいルールをみんなで考え、意見を出しあう。前日に「マスに書く内容を考えておいてね」と声かけをしていたので、「きゅうりになる」「ネコになる」「ダンスをする」「じゃんけんをする」など、たくさんの声があがった。「○○のものまねをする」という声も多かった。

前日から、みんなでマスに書く内容を考えようと投げかけておいたのはよかったですね。とても楽しそうに意見を話していました。マスに書いてある内容は、待っているグループも楽しめるものがもう少し多くてもよいのかもしれませんね。

10:00

自分たちが考えた内容のマスに止まると張り切ってポーズをしたり、手あそびをしたりする。周りで見ている子も張り切って歌っている。自分たちの考えたことが書いてあるマスに止まりたくて、数を調整したりする子もいた。正しく数えられるようにいっしょに数えて進んでみた。

周りで見ている子もいっしょに歌うなどの内容は、待っている間も楽しめて、よいアイデアですね。

10:10

サイコロの目が小さい数しか出ないため、なかなかゴールに近づけないで不安そうにしている子がいた。「順番待てて、えらいね」「今度は大きい数が出るといいね」など安心できるように声かけをした。

思うようにいかない経験をすることは大切ですね。いろいろな気持ちを経験して、共感されたり励まされたりすることを繰り返しながら、他人の気持ちも少しずつ理解できるようになっていくでしょう。

10:20

前回、何度も「○マス戻る」を経験し、最後にゴールした子が、一番にゴールできたことをとても喜んでいた。そして、自分と同じように最後の一人になってしまった友だちを応援し、ゴールできたとき、「全員ゴールできた！」「やったー！」と抱きあって喜ぶ姿があった。

自分の経験から同じ状況の子どもの気持ち（喜びや悲しみ）を想像したのでしょうね。人数が多いグループも期待しながら自分の順番を待つ姿がありますね。楽しいということが理解できているから待つことができるのですね。

ドキュメンテーション Part4に掲載

ワンダーぐみ　保育ドキュメンテーション

20XX年 **1月**

すごろくあそびを楽しもう！

昔からお正月のあそびとして受け継がれているすごろく。心のふれあいができ、何度繰り返しても楽しいあそびのひとつです。年齢によって楽しみ方は様々ですが、家族で楽しむことができるといいですね。「自分で内容を考えることも楽しい」ということを経験できればと考えました。年長児になったらもっとあそびが広げられるでしょう。

Part 1 すごろくあそびってどんなあそび？

1月10日

昔はゲームやテレビなどがなかったこと、子どもは様々なあそびを考えてしていたことを話しました。それからサイコロやコマを使ってどのようにあそぶのかを説明し、まずはサイコロを振って数回で上がれるわかりやすいものを用意してあそんでみました。

「昔はテレビやゲームがなかったんだ……」とビックリの子どもたち。

「サイコロ、振ってみたいね」「おもしろそう！」

サイコロを振ってみました！

Part 2 すごろくであそんでみよう！

1月17日

わかりやすいすごろくを何度も楽しんでいたので、今度は少し長いコースで挑戦。「休み」や「戻る」などのことばも入っていて難しいですが、子どもたちは慎重にコマを進めていきます。

「なんだかおもしろそう！」

「1、2、3！」と、みんなで数えながら進みます。

Part 3 大きなすごろくを作ってみよう！

1月21日

ホールにマットを敷き、巨大すごろくを作ってみました。子どもたちは自分がコマになって進むことや大きなすごろくに大喜び！　友だちがしている姿が見えるのもおもしろいようでした。何回も「3マス戻る」になってしまう子もいました。でも、最後まで諦めませんでした。

「★で止まるといいな！」と、数を数えながら進みます。

グレーのマットはよくないこと、ピンクのマットはうれしいことが起きます。

Part 4 自分たちで考えてみよう！

1月28日

「うれしいことやよくないことがあると、なんだかドキドキするけど楽しいよね。どんなことが起きたらおもしろいかな？」と投げかけてみたところ、おもしろい意見が出ました。きゅうりのまねって、どうするのかな？

きゅうり に なる

きゅうりのポーズをしています。何かが書いてあるところに止まりたいと思ってもなかなか止まらない……。

見ている子どもたちもいっしょにリズムをとりながら応援！

子どもの成長・発達

　1月のあそびプロジェクトは「すごろくあそびを通して、思い通りになることもならないことも経験し、楽しさを知る」ことをねらいとしました。すごろくあそびは、サイコロの目の出方でいろいろな運命が待っています。大きな目が出てどんどん進む、ラッキーなできごとが重なってうれしくなる、何度も「○回休み」になったり「○マス戻る」になったりで悲しくなる、するたびに違う結果になるから何度してもおもしろい。繰り返しあそぶなかで、自分が勝ってうれしいときや、みんなに抜かされて悲しい気持ちになるときなど、そのときの友だちの気持ちを想像できるようになっているのでは？　と思いました。最後に残ってしまった友だちをみんなで応援！　心の成長を感じるひとときでした。

2月

あそびプロジェクト

氷を作ろう
自然科学あそび

寒さのため、つい子どもの活動が室内中心になってしまう冬。こんなときこそ冬の気候を利用していろいろな氷を作ったり、どんな場所に氷ができるのか探したりしてみましょう。また、どういう氷があったらおもしろいか、みんなで意見を出しあいましょう。

1 どこに氷があるかな？

公園や園庭で自然の氷を探しましょう。軒先などの日陰には氷ができていますね。なぜその場所に氷ができるのか、よく観察して考えてみましょう。

あった！

2 水を入れる容器を考えよう

自分たちで氷を作ってみます。水を入れる容器には牛乳パックや卵パックなど、いろいろなものが利用できます。既製の製氷器などは様々な形の氷ができて楽しいものですが、子どもたちの創造意欲をよりかき立てるために身近なものを利用するほうがよいでしょう。「ティッシュの箱は？」といった意見も出ました。

ティッシュの箱はどう？

③ ベースとなる水を用意しよう

絵の具・色画用紙・塩など様々なものを容器の中に入れてみます。子どもたちは入れるものによって混ぜ方を変えるとよいことに気づきました。折り紙は勢いよく容器（ペットボトルを切ったもの）の中で混ぜてしまうと破れてしまいます。どうしたらいいか、いっしょに考えましょう。
そして、❶を参考にどこに置けばいいかを考えましょう。

④ どんな氷ができたかな？

氷になったもの、ならなかったもの、どちらもありますね。固まったものも硬さや固まり方がそれぞれ違います。「塩を入れたものは、なぜ固まらなかったんだろう？」「絵の具は横から見ると色が違うなぁ」など、子どもたちの興味はいろいろな方向へ向かいます。初めての実験でたくさんのことが見えてくることでしょう。

保育のねらい　自然環境を利用し、様々な氷を作ることで、子どもたちの興味を引きだす。

	活動内容	用意するもの・環境設定	望まれる子どもの姿	指導上の留意点
2/25	○散歩に行き、自然の氷を見つける。	○カメラ ○バケツ	○どうしたら氷ができるのかを話しあう。 ○どうしたら氷が溶けるのかを考える。 ○友だちと協力しながら氷を採取する。	○冬の自然現象に興味を持てるようにする。 ○園外では特に安全面への配慮を十分に行う。 ○自然環境のなかのどこに氷ができているのかを話しあえるようにする。
2/26	○水を入れる容器を考え、作る。	○牛乳パック ○卵パック ○空き容器 ○製氷器 ○はさみ	○グループで役割を決め、協力しながら目的をとげる。 ○どんな氷があったらおもしろいか、興味を持って話しあう。	○子どもたちの気づきや喜び、協力しあうようすを見逃さないようにする。 ○はさみを使用するときの約束をしっかり守るようことばかけをする。
2/27 保育ドキュメント	○氷のベースとなる水を作る。	○色画用紙 ○折り紙 ○塩 ○絵の具 ○水 ○容器（ペットボトルを切ったもの） ○新聞紙	○できあがった氷を想像し期待をふくらませながら、ベースとなる水を作る。 ○氷を採取したときのことなどを思いだし、話す。	○ベースとなる水は種類によって作り方が違うことを子どもたちに伝える。 ○みんなで作ったものが一晩で氷になるか、期待を持たせることばかけをする。
2/28 保育ドキュメント	○氷ができたかを確認し、結果について考える。	○つまようじ ○カメラ	○ベースとなる水の種類による氷のでき方の違いを観察する。 ○氷ができなかった場合、なぜできなかったかを考える。 ○疑問に思い、再実験の提案をする。	○夏に冷凍庫を使用した事前実験を行っておいてもよい。 ○子どもたちが自発的に「なぜ？」と考えることができるようなことばかけに注意する。

保育ドキュメント

冬の自然科学あそび　氷を作ろう

4歳児クラス	23名
保育者	2名

保育の記録

アドバイス

2/27 15:30

前日に準備したものの再確認をして、昨日みんなで話しあった内容を思いだした。Aくんから同じ切り紙でも色画用紙と折り紙の違いを見たいという意見が出た。

直前の導入はとてもだいじですね。
Aくんのような子どもたちの好奇心を大切にしていきましょう。

16:00

色画用紙・折り紙・塩・絵の具の準備。グループごとに準備をした。みんなで話しあって前日に準備していたものを、実際に卵パックに入れ、水を入れた。

混ざりやすいものとそうでないものがありますね。それぞれどうしたら水に混ざりやすいかを考えてくふうしてみましょう。「お湯で混ぜたら溶けやすいかも」などのことばかけも重要ですね。

16:30

実験開始。
実際にソトに置いてみた。園のなかでどこに置くのがいちばんよいか、みんなで考えた。「ソトに置くほうがいい」という意見をきっかけに「日陰に置こう」「遊具の下がいい」などいろいろな意見が出た。

屋内がよいか、屋外がよいか。あえて屋内に置くのもよいですね。子どもの意見を受け「外のどこがいい?」と声をかけたことで、日陰や遊具の下など、いろいろな意見を引きだすことができました。

2/28 9:00

ソトに置いて帰った卵パックが、一晩経ったらどうなるかをみんなで観察した。凍っているものとそうでないものがあり、「もう一度やってみよう」という声が出た。

うまく凍ったものとそうでないものがありましたね。子どもたちが「なぜ?」と思えることばかけが重要になります。夏のあいだに一度冷凍庫を使って事前実験するのもよいですね。

→ ドキュメンテーション Part2・3・4に掲載

ワンダーぐみ

20XX年
2月

冬の自然科学あそび
冬の気候を利用して氷を作ってみよう

冬の寒さを利用していろいろな氷を作ってみました。水の中に入れるものによって凍り方が変わるのかな？

Part1 水を入れる容器を作ろう

2月26日

みんなで話しあって給食で使った卵のパックを使うことになりました。はさみの使い方には十分注意しました。

チョキチョキ！

Part2 中に入れるものの準備をしよう

2月27日

何を入れたらおもしろいか、いろいろな意見が出ました。予定にないものも急遽（きゅうきょ）入れることに。

絵の具はビンに入れて少しずつ混ぜよう。

色画用紙はいろいろな形に切っておこう。

いろいろなデザインの折り紙も人気。

Part3 卵パックに入れて完成させよう

2月27日

水を卵パックに入れるときは慎重に。こぼれてもよいように下に新聞紙を敷きました。あとは外に置いて帰るだけです。置く場所もみんなで考えました。

パックの半分ぐらいの量を入れよう。

折り紙、色画用紙には特に注意して水を入れよう。

Part4 実験結果を見て考えよう

2月28日

中に入れたものの種類によって固まり方が違いますね。子どもたちは興味津々です。

つまようじを使って固まり方の違いを見てみよう。

パックから取り出せる場合は横からも見てみよう。

子どもの成長・発達

冬の寒さを利用していろいろな自然科学実験ができます。4歳児になると様々な自然現象に興味を持つようになり、おとなが適切な導きをしなければなりません。今回は、園にあるものを用いて氷の実験をしましたが、この実験結果でも「折り紙が混ざらなかった」「ちゃんと絵の具を混ぜたのに場所によって色が違う」など子どもたちからいろいろな意見が出ました。「もう一度同じものでもっとくふうしてやってみたい」「次はこんなものを入れたい」など子どもたちの興味は尽きません。そのほかにも子どもが興味を持つ自然現象はたくさんあります。子どもたちの「なぜ?」と思う気持ちを大切にしていきましょう。

3月

あそびプロジェクト

卒園児を送る会

4歳児が中心となり「卒園児を送る会」を行うことにしました。卒園児に感謝の気持ちを伝えるとともに、「送る会」を楽しみにし、ドキドキ、ワクワクしながら準備にも取り組みます。そうすることで自信がつき、共通の目的を持つことで仲間意識が強まり、進級への期待を持てます。

1 1年を振り返ります

各行事の写真や使ったものなどを用意し、1年を振り返ります。4歳児の友だちのことだけでなく、年長児の友だちのしたことなどにもふれながら話をし、年長児への関心や感謝の気持ちを持てるようにします。

写真を季節ごとにわかりやすく掲示したり、そのときに使ったものを見せることで、4歳児から当時の記憶を引きだしましょう。

2 お遊戯や司会の練習

「卒園児を送る会」でお遊戯と歌の出しもの、司会をすることを決めましょう。内容が決まったら、さっそく練習に取りかかりましょう。

お遊戯は、年長児が踊っていたものに挑戦。隊形を変えたり、アレンジを加えたりして取り組みます。

司会の練習として、円形に座り、一人ずつ友だちの前で話したり、友だちの話を聞いたりします。

3 プレゼントに飾り付ける鉛筆を折ろう

折り図を見ながら、鉛筆を折ります。片段ボールなどで作った箱に卒園児の写真と折り紙で折った鉛筆を貼り、鉛筆立てにして年長児にプレゼントします。年長児への感謝の気持ちを込めて作りましょう。

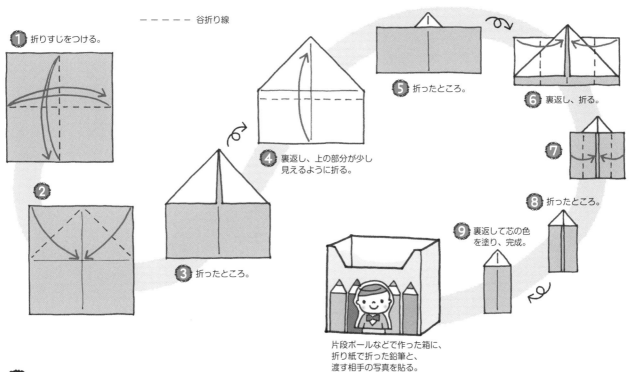

－ － － － 谷折り線

① 折りすじをつける。

②

③ 折ったところ。

④ 裏返し、上の部分が少し見えるように折る。

⑤ 折ったところ。

⑥ 裏返し、折る。

⑦

⑧ 折ったところ。

⑨ 裏返して芯の色を塗り、完成。

片段ボールなどで作った箱に、折り紙で折った鉛筆と、渡す相手の写真を貼る。

4 「卒園児を送る会」当日

司会をし、「卒園児を送る会」を進めながら、お遊戯や歌の発表を楽しんで行います。また、スクリーンで写真を見て1年間を振り返りましょう。

そつえんおめでとう

思い出を振り返って泣きだす年長児や保育者を見て、「私も寂しくなっちゃった……」と気持ちをことばにする姿や、年長児になったらできる活動に期待を持つ4歳児の姿が見られるでしょう。

保育のねらい　卒園児に感謝の気持ちを持ち、自分たちの役割を果たしながら会に参加する。

	活動内容	用意するもの・環境設定	望まれる子どもの姿	指導上の留意点
2/13	○1年を振り返る。 ○「卒園児を送る会」について知る。	○各行事で使ったもの ○各行事の写真	○1年を振り返り、そのときのようすについて友だちと話す。 ○年長児に対する憧れや感謝の気持ちをことばにする。	○各行事の自分たちの思い出だけに盛り上がって終わることのないようにする。 ○各行事のときの年長児のようすにもふれ、憧れを持てるようにする。
2/15	○「卒園児を送る会」で発表するお遊戯を練習する。 ○司会の練習をする。	○衣装 ○CD ○CDプレーヤー ○マイク	○曲に合わせ楽しんで踊る。 ○ダイナミックにからだを動かし、表現することを楽しむ。 ○大きな声で楽しんでセリフを言う。	○年長児が踊る映像を見せ、このように踊りたいという意欲を持って取り組めるようにする。 ○ゆっくり、はっきりと話すよう声をかける。 ○司会を行うことで会が進むことに気づき、役割を意識できるようにする。
2/27	○卒園児に贈るプレゼントを作る。	○折り紙 ○水性マーカー ○両面テープ ○鉛筆立て用の箱 ○卒園児の写真	○プレゼントだということを意識し、丁寧に作る。 ○水性マーカーで表情を描き、気持ちを表現しようとする。 ○プレゼントを贈る相手が喜んでくれるかなというドキドキと期待を持って取り組む。	○折り紙を丁寧に折るよう繰り返し伝え、最後まで自分で取り組めるようにする。 ○作品の完成を子どもといっしょに喜び、渡す日を楽しみにできるようにする。
3/8 保育ドキュメント	○「卒園児を送る会」を行う。 ○司会をし、会を進める。 ○プレゼントを渡す。 ○お遊戯の発表をする。 ○スクリーンで1年の思い出を振り返る。 ○異年齢児でいっしょに給食を食べる。	○マイク　○司会台 ○卒園児へのプレゼント ○衣装　○CD ○CDプレーヤー ○ピアノ　○紙吹雪 ○机　○いす　○布巾 ○配膳用の机	○覚えたセリフを、自信を持って大きな声で言う。 ○感謝の気持ちを伝えながらプレゼントを渡す。 ○自信を持って笑顔でお遊戯することを楽しむ。 ○スクリーンを見ながら、年長児といっしょに思い出を振り返ることで、お世話になったことに感謝の気持ちを持つ。	○聞いている人が聞き取りやすいよう、ゆっくりと話すように声をかける。 ○気持ちを伝えるためにどのように話せばよいか戸惑っているときは、具体的なことばの例を伝える。 ○子どもたちが感じた気持ちに共感する。

保育ドキュメント

「卒園児を送る会」当日

4歳児クラス	**41**名
保育者	**4**名

保育の記録

アドバイス

10:00

年長児へのインタビューでは少し緊張したようすだったが、ひとつずつはっきりと話し、全部話し終えるとホッとしたようすで、笑顔が見られた。

ゆっくり話すのは意外に難しいことです。保育者もふだんから4歳児が聞き取りやすいよう、ゆっくりと話すことを心がけたいですね。

10:30

心を込めて作ったプレゼントを、直接手渡す。よくあそんでくれた年長児に、照れながら渡す姿が見られた。年長児から「ありがとう」「じょうずだね」などと声をかけられ、うれしそうにしていた。

プレゼントを作るときに「送る会」の意味を丁寧に説明し、プレゼントを手渡すとき感謝の気持ちを素直にことばにできるようにしておきましょう。

10:45

以前、年長児が踊っていたお遊戯に挑戦し、初めて年長児の前で披露することをとても喜んでいた。

本日の発表まで、4歳児が取り組んだ一つひとつの過程を大切にしてください。年長児への憧れの気持ちを抱き、少しでも年長児のお遊戯に近づきたいと努力した姿も、ぜひ年長児に伝えてあげてください。

11:15

スクリーンには年長児の1年間の写真が映し出され、自分たちの写真はないが、いっしょに見て楽しんでいた。泣いている年長児担当の保育者や年長児を見て「寂しくなっちゃった」と気持ちをことばにする姿も見られた。1年間、園の代表としてがんばってくれた年長児の姿を振り返り、感謝の気持ちが芽生えたすてきな時間となった。

スクリーンを見て年長児たちが涙する姿を見た4歳児。うまくことばでは言い表せないしんみりとした気持ちを味わうことができ、とてもよい経験になりましたね。

11:30

送り迎えのバスの号車別に分かれて3・4・5歳児がいっしょに座り、給食を食べることを楽しんだ。顔なじみのため会話もはずんでいた。片づけのときに年長児をまねて食器を重ねたり、3歳児を気遣う姿が見られた。

共に食べるだけではなく、準備やあと片づけをいっしょにすることで、年長児の手際のよさや心配りを感じ、改めて頼もしく思うことができるはずです。そのような機会を見逃さず、適切なことばかけをしたいですね。

ドキュメンテーション Part4に掲載

ワンダーぐみ　保育ドキュメンテーション

20XX年

3月 卒園児を送る会

「卒園児を送る会」では4歳児が中心となり、司会を務めたり出しものをしたりしました。「卒園児を送る会」当日までの4歳児の取り組みについて紹介します。

Part1 1年を振り返ろう

2月13日

「卒園児を送る会」といわれてもピンとこない4歳児。そこで年長児の1年間の写真を見せ、4月から振り返ってみました。年長児の活動を振り返ることで、4歳児は感謝の気持ちでいっぱいになり、何をすれば年長児が喜んでくれるか、一生懸命考えていました。

お泊まり保育（年長児）

「年長さんってかっこいいね」
「園でいちばん大きなお兄さん、お姉さんなんだね」
「卒園しちゃうの寂しいね」
などと、話しあいました

運動会（年長児）

Part2 「卒園児を送る会」での出しものの お遊戯決定！

2月15日

年長さんが敬老会で発表したお遊戯「らっしょい　わっしょい！　江戸の華」に挑戦することにしました。ダイナミックな動きでかっこよかったお遊戯。ぼくたちにできるかな……？　心配だけど、やってみる！思いきりからだを動かしてやってみたらだんだん楽しくなってきたようすの子どもたちでした。

年長さんへ感謝の気持ちを込めて、一生懸命練習しました。

Part 3 プレゼントを作ろう！

2月27日

プレゼントは写真つき鉛筆立て。裏には時間割表入れがついています。

2月に絵本『くれよんのくろくん』（童心社）を読み、ひっかき画をし、折り紙で鉛筆の折り方を覚えた子どもたち。「小学校へ行ったら鉛筆を使うんだよね」と言い、年長児へのプレゼントに折り紙で細めに折った鉛筆をつけることにしました。プレゼントを渡す相手を決め、それぞれが相手を思い浮かべて箱の色を選び、「丁寧に」「きれいに」と意識しながら楽しんで取り組む姿が見られました。

 Part 4 「卒園児を送る会」当日

3月8日

自分たちで司会をし、お遊戯や歌の発表も自信を持って取り組むことができました。

ゆっくり、はっきりと話す練習をし、ドキドキしながら司会を務めました。

プレゼントを渡し終えたあとにいっしょにハイ、ポーズ★

いつもとは違う雰囲気の給食を楽しみました。

子どもの成長・発達

今回の「卒園児を送る会」では、いっしょに園生活を過ごし、様々な場面でリードしてくれた年長児に感謝の気持ちを持って、自分たちの役割を果たしながら会を進めることをねらいとしました。「卒園児を送る会」で出しものとして発表したお遊戯は、4歳児にとって自信となり、だれかのためにがんばることが自分の喜びにもつながると感じることができたと思います。

保育総合研究会沿革

1999年 10月 □保育の情報発信を柱にし、設立総会（東京　こどもの城）
　　　　　　　　会長に中居林保育園園長（当時）・椛沢幸苗氏選出
　　　　　　　□保育・人材・子育ての3部会を設置
　　　　　　　□第1回定例会開催
　　　　12月 □広報誌第1号発行

2000年 5月 □最初の定時総会開催（東京　こどもの城）
　　　　8月 □第4回定例会を京都市にて開催
　　　　9月 □田口人材部会部会長、日本保育協会（以下、日保協）・
　　　　　　　保育士養成課程等委員会にて意見具申

2001年 1月 □第1回年次大会
　　　　　　　□チャイルドネットワーク
　　　　　　　　「乳幼児にとってより良い連携を目指して」発行
　　　　5月 □日保協機関誌『保育界』"シリーズ保育研究"執筆掲載
　　　　　　　　（翌年4月号まで11回掲載）

2002年 3月 □「From Hoikuen」春号発行
　　　　　　　　（翌年1月まで夏号・秋号・冬号4刊発行）
　　　　10月 □社会福祉医療事業団助成事業
　　　　　　　　「子育て支援基金　特別分助成」要望書

2003年 3月 □年次大会を大阪市にて開催
　　　　　　　□保育雑誌『PriPri』（世界文化社）で指導計画執筆
　　　　6月 □日保協機関誌『保育界』"シリーズ保育研究"執筆掲載
　　　　10月 □福祉医療機構
　　　　　　　　「子育て支援能力向上プログラム開発の事業」

2004年 3月 □ホームページ開設（2008年リニューアル）
　　　　7月 □第16回定例会を横浜市にて開催
　　　　10月 □子育て支援に関するアンケート調査

2005年 4月 □盛岡大学齋藤正典氏(当時)、保育学会で研修カルテを発表
　　　　6月 □「研修カルテ-自己チェックの手引き」発行
　　　　　　　　（研修カルテにおける自己評価の判断基準）
　　　　　　　□チャイルドアクションプランナー研修会
　　　　　　　　（2回花巻／東京）
　　　　10月 □椛沢・坂﨑・東ヶ崎三役、内閣府にて意見交換

2006年 4月 □椛沢会長が自民党幼児教育小委員会で意見陳述
　　　　　　　□日保協理事長所長研修会
　　　　　　　　青森大会研修カルテ広告掲載

2007年 4月 □「保育所の教育プログラム」（世界文化社）発行
　　　　5月 □保育アドミニストレーター研修会（東京）
　　　　7月 □日保協機関誌『保育界』"シリーズ保育研究"
　　　　　　　　執筆掲載（2008年6月号まで12回掲載）
　　　　8月 □第25回記念定例会「保育所教育セミナー」開催
　　　　　　　　（東京大学　秋田教授）
　　　　9月 □椛沢会長が「保育所保育指針」解説書検討
　　　　　　　　ワーキンググループ（厚生労働省）に選出され執筆

2008年 7月 □日保協第30回全国青年保育者会議沖縄大会
　　　　　　　　第1分科会担当
　　　　9月 □日保協機関誌『保育界』"シリーズ保育研究"執筆掲載
　　　　　　　□坂﨑副会長が厚生労働省「次世代育成支援のための新たな
　　　　　　　　制度体系の設計に関する保育事業者検討会」選出
　　　　11月 □「新保育所保育指針サポートブック」（世界文化社）発行

2009年 1月 □サポートブック研修会（4回：花巻／東京／大阪／熊本）
　　　　3月 □「自己チェックリスト100」（世界文化社）発行
　　　　5月 □チェックリスト研修会（2回：東京／大阪）
　　　　9月 □坂﨑副会長が厚生労働省
　　　　　　　　「少子化対策特別部会第二専門委員会」選出
　　　　10月 □日保協理事長所長研修会新潟大会　第4分科会担当
　　　　11月 □「新保育所保育指針サポートブックⅡ」
　　　　　　　　（世界文化社）発行
　　　　　　　□海外視察研修会（イタリア）

2010年 2月 □サポートブックⅡ研修会（4回：花巻／東京／大阪／熊本）
　　　　8月 □坂﨑副会長が内閣府
　　　　　　　　「子ども子育て新システム基本WT」委員に選出
　　　　11月 □日保協理事長所長研修会岐阜大会　第4分科会担当

2011年 3月 □2010年度版保育科学研究
　　　　　　　　乳幼児期の「保育所保育の必要性」に関する研究執筆
　　　　6月 □サポートブックⅡ研修会（2回：函館／日田）
　　　　9月 □保育科学研究所学術集会（椛沢会長発表）
　　　　10月 □全国理事長所長ゼミナール分科会担当

2012年 3月 □2011年度版保育科学研究
　　　　　　　　乳幼児期の「保育所保育の必要性」に関する研究執筆
　　　　9月 □保育科学研究所学術集会（坂﨑副会長発表）

2013年 2月 □保育サポートブック
　　　　　　　　「0・1歳児クラスの教育」「2歳児クラスの教育」
　　　　　　　　「5歳児クラスの教育」（世界文化社）発行
　　　　4月 □坂﨑副会長が内閣府「子ども・子育て会議」全国委員に選出
　　　　9月 □保育科学にて神戸大学訪問
　　　　　　　□保育ドキュメンテーション研修会（東京）

2014年 2月 □保育サポートブック
　　　　　　　　「3歳児クラスの教育」
　　　　　　　　「4歳児クラスの教育」（世界文化社）発行
　　　　　　　□定例会を沖縄にて開催
　　　　3月 □2013年度版保育科学研究
　　　　　　　　「乳幼児期の保育所保育の必要性に関する研究」執筆
　　　　8月 □環太平洋乳幼児教育学会ポスター発表
　　　　　　　　（インドネシア・バリ島）
　　　　9月 □保育科学研究所学術集会（椛沢会長発表）
　　　　12月 □海外視察研修（スウェーデン／フランス）